DE L'ORIGINE

DE LA SIGNATURE

DE L'ORIGINE

DE LA

SIGNATURE

ET DE SON EMPLOI

AU MOYEN AGE

PRINCIPALEMENT DANS LES PAYS DE DROIT ÉCRIT

AVEC QUARANTE-HUIT PLANCHES

PAR M.-C. GUIGUE

ANCIEN ÉLÈVE DE L'ÉCOLE DES CHARTES

PARIS

DUMOULIN, LIBRAIRE

QUAI DES AUGUSTINS, 13

1863

A MONSIEUR

JULES QUICHERAT

PROFESSEUR A L'ÉCOLE DES CHARTES

HOMMAGE D'AFFECTUEUSE RECONNAISSANCE

Ce petit livre s'adresse au curieux et à l'érudit : à l'un par ses singularités, à l'autre par ses faits laborieusement compilés, coordonnés et mis en œuvre.

En le publiant, j'ai voulu simplement exposer pourquoi et comment nous signons aujourd'hui de notre nom.

Ce n'est donc pas une histoire proprement dite que je me suis proposé. Une histoire dans le sens technologique et magistral du mot m'eût forcé à étudier la signature dans tous les temps, chez tous les peuples et dans toutes ses applications : conséquemment à faire un gros livre sur un petit sujet.

Que la signature a été inventée par ceux qui ne savaient pas écrire, telle est la thèse que je soutiens.

Les positions de cette thèse, qui de prime abord peut paraître paradoxale, sont celles-ci :

Le *signum* gravé sur le chaton d'un anneau porté au doigt tient lieu de signature chez presque tous les peuples de la haute anti-quité;

A Rome, vers le temps de Cicéron, le droit prétorien exige, pour la validité de certains testaments, outre l'apposition du *signum*, celle de la souscription autographe (*subscriptio*) du testateur et des témoins;

Au Bas-Empire (1), la souscription s'étend

(1) Dès les règnes de Tibère et de Néron, on commence à voir la souscription appliquée à d'autres écrits que les testaments :

« Quum Rhodiorum magistratus, quod litteras publicas

à tous les actes, et les personnes illettrées sont autorisées à ne tracer à l'encre qu'un signe quelconque appelé *seing manuel* (*signum manuale*) pour en tenir lieu (2);

Presque toutes les peuplades conquérantes qui se partagèrent l'Empire adoptent en principe les traditions romaines sur l'authentication des actes;

Sous l'influence de l'ignorance qui envahit la société du viᵉ au xiiᵉ siècle, ces traditions sont dénaturées à un point tel qu'on les abandonne généralement comme inutiles;

sine subscriptione ad se dederant, evocasset, ne verbo quidem insectatus, ac tantummodo justos subscribere, remisit. » (Suétone, *Tibère*, xxxii.)

« Et cum de supplicio cujusdam capite damnati, ut ex more subscriberet, admoneretur : quam vellem, inquit, nescire litteras. » (Id., *Néron*, x.)

(2) Aujourd'hui encore, la cour des comptes admet comme parfaitement valables les quittances signées d'une simple croix par les ouvriers illettrés travaillant pour le compte de l'État.

Les notaires et les scribes en conservent seuls le souvenir et en perpétuent la pratique;

Au xiiie siècle, dans les pays de droit écrit, après la renaissance des études juridiques, on voit apparaître de nouveau, à l'occasion des testaments, des *seings manuels,* tracés non-seulement par des personnes illettrées, mais encore par des clercs, des médecins, des magistrats, etc. ;

Deux raisons expliquent la présence de ces seings : 1° la cause à laquelle ils doivent leur origine, l'ignorance des souscripteurs; 2° le sens donné au mot *signum* par les siècles de barbarie littéraire;

Du xiiie au xvie siècle, les motifs des seings sont variés à l'infini : on rencontre tantôt des croix, des monogrammes, des maximes, des initiales, des noms; tantôt des orne-

ments, des attributs, des armoiries, des
objets faisant allusion au nom du signataire (3), des représentations d'animaux,
d'édifices, etc.;

Dès le commencement du xiii° siècle,
néanmoins, on constate une tendance de
plus en plus marquée à faire pénétrer le
nom dans les motifs des seings;

Vers le milieu de ce siècle, quelques notaires imaginent un seing très-simple formé
des lettres de leur nom écrit en caractères
cursifs et accompagné de quelques traits de
plume, qu'ils appellent *seing du nom* ou

(3) C'est ainsi que quelques chefs indiens signèrent les
traités qu'ils firent à diverses époques avec les États-Unis.
La *Grande-Tourterelle* traça à l'encre le contour tremblé
d'une grande colombe; le *Buffle* esquissa un buffle; la *Hache-
de-Guerre*, une hache; il en fut de même de la *Flèche*, du
Scalp, du *Gros-Canot*, etc. (Dickens, *American notes for
general circulation Harrisburg*, chap. ix, éd. de Baudry, 1842,
p. 177.)

petit seing, par opposition à leur seing ordinaire (4);

Ce seing, introduit dans la chancellerie
royale sous le règne de Philippe le Bel, est
bientôt adopté par tous les notaires et un bon
nombre de fonctionnaires ;

A l'imitation sans doute de ce qui se pra-
tiquait dans sa chancellerie, le roi Jean signa
de son nom des lettres missives ; Charles V,
son successeur, signa aussi de la même manière des lettres et des actes royaux ; le seing
par le nom, c'est-à-dire notre signature,
devint dès lors de mode et resta facultative,
comme tout caprice de la mode, jusqu'au
milieu du xvie siècle, époque où les ordon-
nances la rendirent obligatoire.

(4) Le petit seing tenait lieu à la fois de la *subscriptio* et
du *signum* : de la *subscriptio* par le nom, et du *signum* par
la manière dont ce nom était tracé, et surtout par les traits
de plume accessoires qui sont devenus notre paraphe.

Je me suis efforcé, dans cet opuscule, d'être à la fois clair et concis. Les faits parlent presque seuls, et toutes les assertions reposent sur des preuves. Je ne crois pas encourir le reproche d'avoir trop multiplié les citations; ces citations forment la base et tous les éléments de ce travail, qui résulte, en somme, plutôt d'observations que d'études.

Quelques-uns des seings cités dans le texte ont été reproduits d'après les ouvrages spéciaux des bénédictins, de Kopp, de M. de Wailly et un article de M. Ed. Fleury; les autres ont été dessinés d'après les originaux conservés aux Archives de l'Empire (séries J, K, L, P) et à la Bibliothèque impériale.

Comme un attrait à la curiosité et surtout comme un complément en quelque sorte nécessaire, j'ai cru devoir publier, en outre, la suite aussi complète que possible des croix, monogrammes et signatures proprement dites des souverains français. Cette suite, jusque-là inédite, ne comprend que des seings admis comme authentiques par la critique moderne.

DE

L'ORIGINE DE LA SIGNATURE

ET

DE SON EMPLOI AU MOYEN AGE

CHAPITRE PREMIER

ORIGINE DU SEING MANUEL

§ Ier

DES ANNEAUX A SIGNER

Dès que l'écriture fut employée pour expédier des ordres ou pour consigner des conventions, on eut besoin de garantir l'authenticité de ce qu'on écrivait. Cette nécessité suggéra l'idée et amena l'adoption à peu près générale, d'abord chez les Orientaux, d'un signe propre à chaque particulier. Ce signe, gravé ordinairement en creux ou en relief sur le chaton d'un anneau, porté au doigt, parlait, lorsqu'on le voyait apposé, avec toute la force probante attachée au caractère dont était revêtu celui qu'il personnifiait.

« L'usage de ces anneaux, disent les savants auteurs du *Nouveau Traité de diplomatique*, t. IV, p. 3, remonte au delà de trois mille ans. Peu de nations qui ne s'en soient servies. » On le trouve en effet chez les Égyptiens, les Perses et les Hébreux. Pharaon donna son anneau à Joseph pour lui transmettre son autorité (1); Aman signa du seing du roi l'arrêt d'expulsion des Juifs (2); Jézabel apposa l'empreinte de l'anneau d'Achab au bas d'un ordre supposé qu'elle écrivit en son nom (3).

Des nations orientales l'usage de l'anneau à signer s'étendit aux Grecs et aux Romains. Les Romains appelaient cet anneau *annulus* ou *annulus signatorius*, pour le distinguer des simples bagues, et les Grecs δακτύλιος ou σφραγίς. A Rome, la gravure du chaton et l'empreinte qu'elle donnait portaient le nom de *signum*, signe, seing.

Tout citoyen romain avait son anneau et son signe propre. L'anneau d'or, d'abord marque distinctive des sénateurs, des patriciens et des chevaliers, devint dans la suite commun à tous les ingénus.

---

(1) Tulit annulum de manu sua et dedit in manu ejus. (*Gen.*, 41.)

(2) *Esther*, 3, 10.

(3) Scripsit itaque litteras ex nomine Achab et signavit eas annulo ejus et misit ad majores natu et optimates qui erant in civitate ejus, et habitabant cum Naboth. (*Reg.*, l. III, c. xx, v. 8.)

Le droit de le porter fut même étendu aux femmes
et aux affranchis par une novelle de Justinien (4).

Les chatons des anneaux à signer affectaient
toutes les formes imaginables et représentaient des
sujets de toute nature : des noms, des devises, des
maximes, des personnages allégoriques, des por-
traits, des animaux, des monogrammes. Celui de
Darius représentait un aigle tenant un dragon dans
ses serres (5); celui de César, une Vénus. La plupart
des chatons étaient gravés en creux pour donner
une empreinte en relief; les autres étaient faits pour
être trempés dans l'encre et produire une empreinte
imprimée.

§ II

DE LA SOUSCRIPTION ROMAINE

Vers le temps de Cicéron, les préteurs, afin de
donner un moyen de tester aux provinciaux et
aux *peregrini*, introduisirent l'usage des testaments
écrits, testaments dégagés des formes solennelles et
symboliques de la mancipation. Ces testaments, nuls

(4) 75, c. ɪ et ɪɪ.

(5) Josèphe, *Antiq. jud.*, l. XII, c. v.

aux yeux de la loi civile, ne pouvaient recevoir leur effet du préteur, qui donnait aux héritiers ainsi institués la possession des biens : *bonorum possessio*, que s'ils avaient été rédigés ou clos en présence de sept témoins et revêtus du *signum* de chacun d'eux. Les constitutions des empereurs du Bas-Empire adoptèrent exclusivement, dans la suite, cette forme de tester innovée par le droit prétorien, mais exigèrent, outre l'apposition des *signa* du testateur et des témoins, celle de leur souscription, *subscriptio*, tracée de leur propre main, c'est-à-dire la déclaration de leurs noms, de leurs qualités et du rôle qu'ils ont joué dans l'acte (6).

Restreinte d'abord aux seuls testaments, la souscription fut appliquée bientôt à tous les actes privés ou publics, et alors il arriva fréquemment, ce qui arrive encore aujourd'hui, que les contractants ou les témoins ne savaient ou ne pouvaient écrire. En face de cette impossibilité matérielle d'obéir à la lettre de la loi, on tâcha de rester dans son esprit en laissant sur l'acte contenant les dispositions ou les conventions une preuve évidente de présence et

---

(6) Singulos testes qui in testamento adhibentur adnotare convenit quis et cujus signaverit testamentum. (*Dig.*, lib. XXVIII, tit. I, l. 30.)

Finem autem testamenti subscriptiones et signacula testium esse decernimus; non subscriptum autem a testibus ac signatum testamentum pro infecto haberi convenit. (Théod. et Valent., l. XXI, c. *de Testam.*)

d'intention, et l'usage s'introduisit de faire tracer avec le calame, au souscripteur empêché, un signe quelconque à côté de la souscription écrite en son nom par le notaire ou le scribe. Ce signe fut appelé dans la suite *seing manuel*, *signum manuale*, par opposition au seing résultant de l'apposition de l'anneau.

Les fameuses chartes de Ravenne, qui datent d'environ l'an 491, et dont les originaux sont aujourd'hui conservés à la Bibliothèque impériale, nous restent comme un curieux exemple de cet antique usage (7). Dans ces chartes, les donateurs, incapables, à raison de leur ignorance qu'ils confessent, d'écrire leur souscription, tracent à l'encre un signe approbatif et prient un des témoins de souscrire pour eux. Ce témoin indique le signe par une souscription

(7) « Chartulam Jovino, notario meo, scribendam dictavi, cuique, quia ignoro litteras, signum crucis feci, ad quod Castorium, V. C., carum meum, ut pro me suscriberet conrogavi, nobilesque viros, qui suas suscriptiones dignanter adnectant, pari suplicatione poposco.....

« Signum + Mariæ suprafatæ donatricis.

« Flavius Castorius V. C., huic donationi, rogante Maria sæpefata, ipsa præsente, ad signum ejus pro ea suscripsi, etc..... »

— « Vitali, tabellioni hujus civitatis Ravennæ, rogatorio meo..... dictavi, in qua subter, posteaquam mihi coram testibus..... ad singula relecta est..... consentiens in omnibus, mano propria, propter ignorantia litterarum, signum sanctæ crucis feci et testibus..... a me rogitis optuli suscribendam.....

« Signum + manus Johanni V. C...., etc. »

(V. Mabillon, *De re diplomatica*, suppl., p. 89.)

spéciale, et dans sa souscription personnelle il explique qu'il a souscrit pour le donateur illettré. Les autres témoins déclarent dans leur souscription qu'ils ont vu les donateurs tracer les signes de leur propre main.

CHAPITRE II

Avant de rechercher quelle a été la destinée des
traditions romaines sur l'authentication des actes
pendant les siècles de barbarie qui suivirent la chute
de l'empire d'Occident, il convient d'embrasser d'un
coup d'œil rapide l'état de l'instruction littéraire à
cette époque; ce sera le moyen d'arriver plus direc-
tement à démontrer que le seing manuel, embryon
de la signature telle que nous l'entendons aujour-
d'hui, a été inventé par l'ignorance, ou, pour
m'expliquer plus clairement, par ceux qui ne
savaient pas écrire.

Il était de la politique de Rome de s'assimiler
jusqu'à un certain point les vaincus, et de leur
imposer à la fois et son joug et sa langue (1). Défaits,
soumis et pacifiés par César, les Gaulois acceptèrent

(1) Opera data est ut imperiosa civitas, non solum jugum,
verum etiam linguam suam gentibus domitis imponeret. (S. Au-
gustinus, *De civit.*, l. XIX, c. VII.)

aussi la loi commune; autant ils avaient dépensé de courage et d'énergie à défendre leur nationalité, autant, lorsque tout espoir fut perdu, ils déployèrent de zèle et d'activité à pénétrer dans tous les détails de la civilisation de leurs vainqueurs. Sous leur rugueuse enveloppe gisait une imagination riche et puissante qui ne demandait que la culture pour les élever au niveau de leurs maîtres dans les spéculations de la pensée. Un siècle ne s'était pas écoulé depuis la conquête que déjà la Gaule était romaine par la langue, les mœurs, les arts, les institutions et les alliances (2); bientôt même elle se trouva à la tête du mouvement littéraire imprimé par ses grandes écoles municipales si florissantes de Trèves, Autun, Bordeaux, Lyon, Poitiers, Toulouse, Narbonne, Arles, Marseille, Besançon, Vienne, etc. A la fin du IVe siècle, elle présentait la civilisation la plus avancée.

Au Ve siècle, la barbarie, de toutes parts victorieuse, déborde enfin sur le monde romain. Les Francs, les Germains, les Lombards, les Vandales, les Burgundes, de même que les Goths, ont l'instruction en souverain mépris. La force brutale est leur politique, la liberté individuelle leur loi, les armes leur culte, le courage leur vertu. « A quoi servent,

(2) Jam moribus, artibus, affinitatibus nostris mixtis. (Tacite, *Annales*, l. II, sect. 24.)

disent-ils, les sciences, sinon à corrompre, à éner-
ver et à avilir les âmes? Celui qui s'est accoutumé à
trembler sous la férule d'un pédagogue osera-t-il
jamais regarder sans frayeur une lance ou une
épée (3) ! » Cet argument spécieux, auquel la faiblesse
et la chute de l'empire romain semblaient donner
raison, servit de règle de conduite pendant près de
dix siècles à la race des conquérants.

Une fois en contact avec cette civilisation qu'ils
méprisent, les barbares en subissent néanmoins
l'ascendant à leur insu et presque malgré eux, en
conservant les institutions judiciaires et municipales
qu'ils trouvent établies, en codifiant leurs vieilles
coutumes, en adoptant certains usages romains dont
ils reconnaissent l'utilité pratique, en renonçant
même peu à peu à leur rude langage pour employer
celui plus harmonieux des vaincus. Si l'instruction
reste toujours à leurs yeux comme un luxe plus dan-
gereux que nécessaire, ils ne sont pas moins forcés
cependant de lui donner place sur les marches du
trône, pour seconder l'action gouvernementale et
faciliter l'expédition des affaires politiques et admi-
nistratives. Clovis Ier s'entoure de lettrés gallo-
romains, et sous son règne la langue latine devient
la langue officielle de la chancellerie royale. Cette

---

(3) Procope, *De bello goth.*, l. I, p. 4, apud script. Bysant.,
vol. Ier.

chancellerie conservera bientôt seule, avec le haut clergé, la pratique des lettres et les traditions du droit romain.

Au vi^e siècle, en effet, toutes les grandes écoles municipales de la Gaule disparaissent. Quelques écoles ecclésiastiques seules subsistent. Elles forment des clercs et rien que des clercs, qui n'apprennent que ce qui leur est strictement nécessaire de connaître : la théologie, la rhétorique, la dialectique et l'astrologie. Tout le reste est inutile et vain. Le pape Grégoire blâme saint Didier, évêque de Vienne, de ce qu'il étudie la grammaire. Grégoire de Tours, le plus beau génie de ce siècle, nous apprend que la décadence des lettres était telle qu'il ne se trouvait plus personne assez bon grammairien et assez bon logicien pour écrire d'une manière convenable les événements de son temps, et que tout le monde en était réduit à former cette plainte : Que nos jours sont malheureux ! Le goût des lettres est perdu dans notre patrie (4) !

Au viie siècle, le cadre des connaissances humaines

---

(4) Decedente atque imo pereunte ab urbibus gallicanis liberalium cultura litterarum, cum nonnullæ res gererentur vel recte vel improbe ac færitas gentium desæviret, nec reperiri posset peritus quisquam dialectica in arte grammaticus qui hæc aut stilo prosaico aut metrico depingeret versu, ingemiscebant plerique dicentes : Væ diebus nostris, quia perit studium litterarum a nobis, nec reperitur in populo qui gesta præsentia possit promulgare in paginis. (Præf. in *Hist. Greg. Tur.*)

se rétrécit encore. L'engourdissement semble s'être emparé des intelligences. Frédégaire, comparant son époque aux époques antérieures, ne trouve pas d'autre raison pour s'expliquer la faiblesse des conceptions intellectuelles de ses contemporains que celle-ci : « Le monde vieillit et le tranchant de l'esprit s'émousse (5) ! »

Les ténèbres de l'ignorance s'épaississent encore au viiie siècle. La théologie elle-même tombe au niveau des autres sciences. Elle ne conçoit plus ses arguments; elle les compile et les copie. La vie littéraire a disparu de la société et gît agonisante au fond de quelque couvent.

A trente-deux ans, Charlemagne, jusque-là aussi ignorant que ses sujets, se passionne tout à coup pour les sciences et les lettres. Il invite, par une circulaire, tous les évêques et les abbés de son vaste empire à rouvrir auprès des cathédrales les antiques écoles, et appelle à sa cour les savants de son siècle : Pierre de Pise, Alcuin, Clément d'Irlande, Paul Warnefrid, Leidrade, Théodulfe, Paulin d'Aquilée, Riculfe, Angilbert, Éginhard, etc. L'académie palatine, qu'il préside lui-même, ranime toutes les branches des connaissances humaines, et on put croire un instant à leur restauration complète;

---

(5) Mundus jam senescit ideoque prudentiæ acumen in nobis tepescit. (*In Prol. chron.*)

« mais le jour ne se leva point, et la nuit la plus
noire succéda immédiatement à l'aurore (6). »

Après Charlemagne, cependant, quelques hom-
mes de mérite, anciens élèves de l'école palatine,
marchent dignement sur les traces de leurs maîtres,
et, parmi eux, surtout le fougueux Agobard et le
turbulent Hincmar, archevêque de Reims, qui ose
dire au pape Adrien : « Vous ne pouvez être en
même temps roi et évêque, et vous ne commandez
pas à nous qui sommes Francs ! »

Au xe siècle, l'ignorance la plus crasse, la plus
barbare, plane sur la société. Les ténèbres sont
aussi épaisses qu'avant Charlemagne. Le clergé lui-
même ne possède qu'une faible teinture des lettres.

Au xie siècle, le goût des études commence à se
réveiller.

Au xiie, les intelligences se dilatent ; le besoin de
connaître, de savoir et d'épancher l'un et l'autre se
fait sentir. Les troubadours du Midi et les trouvères
du Nord chantent en même temps les douceurs de
l'amour et les exploits chevaleresques. Les chroniqueurs recueillent les faits et gestes des soldats de
Dieu. L'étude du droit romain est restaurée et mise
en honneur. L'Université de Paris se fonde et contri-

_____

(6) Dubos, *Histoire de l'établissement de la monarchie
française*. Discours préliminaire, p. 22.

bue de tout le poids de son autorité et de ses privi-
léges à la renaissance des études classiques. Le
moyen âge enfin entre dans la civilisation, mais pas
à pas et lentement. Cependant, comme nous l'éta-
blirons plus loin, si l'on en excepte le clergé, jusqu'à
la fin du xive siècle, l'ignorance fut encore la règle
et le savoir l'exception.

CHAPITRE III

ADOPTION PAR LES CONQUÉRANTS DES TRADITIONS ROMAINES SUR L'AUTHENTICATION DES ACTES

§ Ier

Tous régis par des lois purement personnelles et non territoriales, les peuples semi-barbares, qui se partagèrent le monde romain, laissèrent aux vaincus leur autonomie, qu'ils harmonisèrent seulement avec le droit du vainqueur (1). Mais telles qu'elles avaient été édictées par la sagesse des vieillards de la tribu nomade, les antiques coutumes importées d'outre-Rhin, et qui n'avaient jamais eu à prévoir ni la propriété foncière, ni la plupart des autres avantages de la vie civilisée, ne répondirent plus, dès que ce fleuve fut franchi, aux besoins de guerriers arrivés au terme de leur course aventureuse, et se trouvant dès lors en face de questions nouvelles d'équité à résoudre et à prévoir; et, quoiqu'il en coûtât sans doute à l'orgueil des maîtres des choses (*rerum domini*), ainsi qu'ils se qualifiaient eux-mêmes (2),

(1) *V.* de Savigny, *Histoire du droit romain au moyen âge.*

(2) Lex romana Wisigoth.; Cod. Théod., l. XI, t. III, interp. Nov. Valent., t. III, interp. et le Papien.

ces antiques coutumes ne tardèrent pas à subir la salutaire influence des lois romaines, soit en se complétant, soit même en se modifiant par elles, sinon toujours du fait, du moins dans la pratique.

Dès le vi^e siècle, en effet, si le serment, la tradition réelle ou fictive, les cérémonies symboliques, faites en présence de témoins, forment toujours chez les conquérants le nœud de toutes les obligations, le lien de tous les contrats, l'acte écrit, muni des caractères d'authentication résultant du *signum* et de la souscription, n'en fut pas moins adopté par eux, d'une manière à peu près générale.

La loi salique, il est vrai, ne contient aucune disposition à cet égard ; mais nous avons la certitude, puisque des preuves matérielles nous en restent encore, que, dès le temps de Clovis Ier, les Saliens admirent non-seulement l'usage de l'écriture pour conserver la connaissance de certains actes, mais, de plus, qu'ils authentiquèrent ces actes d'après la méthode romaine, c'est-à-dire par l'apposition de l'anneau à signer et de la souscription.

La loi des Ripuaires et celle des Bavarois ne sont guère plus explicites ; elles parlent des contrats écrits sans s'expliquer sur leur forme (3).

____

(3) *V.* lex Ripuariorum, t. L, de homine qui sine hæredibus moritur; tit. LIX, de libertis a domino ante regem dimissis; tit. LX, de tabulariis; tit. LXI, de venditionibus; tit. LXII, de

Dans la loi des Allemands, au contraire, et dans quelques autres recueils coutumiers contemporains, il est question du *signum* des fonctionnaires et des simples particuliers (4).

Enfin, dans d'autres lois, telles que celles des Burgondes et des Wisigoths, le *signum* et la souscription des parties et des témoins sont exigés de la manière la plus formelle pour la validité de quelques contrats (5).

§ II

DES ANNEAUX A SIGNER DEPUIS LE VIe SIÈCLE

En adoptant l'anneau à signer, les vainqueurs lui conservèrent son caractère primitif d'autorité et toute sa force probante ; ainsi Clovis, envoyant son

traditionibus et testibus adhibendis; tit. LXIX, de eo qui filium non reliquit. — Lex Bajuvariorum, tit. I, c. ɪ, donatio per epistolam positam super altare; tit. XV, c. ɪ, venditio per chartam aut per testes; id. c. xɪɪ, xɪɪɪ, etc.

(4) Lex Alamannorum, tit. XXVIII. — Lex. tit. XIV, de homine in turba occiso... Tenum... unusquisque... signet signo suo, ut eum tam ille, quam cæteri, qui circumstant, cognoscere possint.

(5) *V.* lex Burgundionum, tit. XLIII, de donationibus, et tit. XII, suppl. I. — Lex Wisigoth., lib. II, tit. III, V, XII, XV, etc.

ministre Aurélien négocier son mariage avec Clotilde, lui remit son anneau comme une preuve suffisante à persuader qu'il devait être cru sur sa parole, et qu'on pouvait ajouter foi à toutes les propositions qu'il ferait de la part de son maître (6). Le titre v du livre VII de la loi des Wisigoths porte les peines les plus sévères contre celui qui tenterait de contrefaire l'empreinte de l'anneau royal, et les titres xxviii de la loi des Allemands et xv des décrets de Tassillon prononcent de fortes amendes contre ceux qui négligeraient d'obéir aux injonctions corroborées des *signa* des ducs, des comtes et autres officiers royaux.

D'un usage à peu près général jusqu'à la fin du vi^e siècle, l'anneau à signer, dès le viie, paraît être resté, à quelques exceptions près, comme une prérogative de la souveraineté et de la prélature. Au ixe siècle, les évêques cessèrent de l'apposer sur les actes publics et privés; mais, néanmoins, toujours fidèles aux vieilles traditions du rituel, ils le conservèrent au doigt comme symbole religieux de puissance et d'autorité.

Dès le viie siècle aussi, mais surtout aux viiie et ixe, on exagéra tellement les dimensions des anneaux royaux qu'ils se transformèrent bientôt en sceaux tels que nous les entendons aujourd'hui. Les em-

---

(6) Aurelianus annulum Chlodovei, quo ei potius crederetur secum portans etc. (*Hist. Franc. epil.*, c. xviii.)

preintes qui nous sont parvenues fixées au bas de quelques diplômes nous démontreraient à elles seules l'impossibilité qu'il y avait pour un grand nombre d'être portés au doigt (7), si nous ne savions de sources certaines qu'ils étaient confiés aux référendaires, puis aux chanceliers, dont les fonctions consistaient en outre à dicter aux notaires des actes émanant du souverain, à les soumettre à la sanction royale et à les souscrire. Bonitus, plus tard évêque d'Auvergne, devint référendaire de Clovis II, en recevant son anneau : « *Annulo ex manu regis accepto,* » dit une ancienne chronique, « *referendarii officium adeptus est.* » Grégoire de Tours (8) s'exprime ainsi en parlant de Siggo, référendaire de Sigebert : « *Siggo quoque referendarius qui annulum regis tenuerat.* »

Jusqu'à la troisième race, on conserva, par tradition de chancellerie, le nom d'anneau au sceau royal ; néanmoins, de bonne heure, les termes *sigillum* et *sigillare,* dont le sens, dans la bonne latinité, paraît plus large que celui de *signum* et *signare,* et que nous traduisons par *sceau* et *sceller,* s'introduisirent dans la rédaction des lois et des diplômes (9), mais

(7) *V.* planche I, les empreintes des sceaux de Charlemagne et Louis le Débonnaire.

(8) *Hist.,* l. **V,** c. III.

(9) Si quis sigillum ducis neglexerit, aut mandatum, aut signum qualecumque quod mandaverit, duodecim solidis sit

ce n'est qu'après bien des tâtonnements et des combinaisons dans les formules qu'ils parvinrent, en se substituant peu à peu aux termes primitifs, à s'y fixer définitivement : on signa de l'anneau (10), on en scella (11); on signa du sceau (12), et enfin, au

culpabilis, etc. (Lex Alamann., t. XVIII.) — Si quis signum, quod est sigillum, inhonoraverit, vel hujuscemodi injuncta minime impleverit, prima vice arguatur, secunda xL. sol. componat, etc. (Decreta Tassillonis, xv, apud Walter, t. I, p. 297.)

(10) Anuli nostri impressione signari jussimus. (Dipl. de Pepin, maire du palais, vers 751. Arch. de l'Empire, série méroving., nº 54.) — Anuli nostri impressione signari jussimus. (Dipl. de Louis le Débonnaire, de 815. *Ibid.*, K. 8, nº 2.) — Anuli nostri inpressione adsignari jussimus. (Dipl. de Charles le Chauve, de 839. *Ibid.*, K 10, nº 1.) — Anuli nostri impressione assignari jussimus. (Dipl. de Louis le Bègue, de 879. *Ibid.*, K. 15, nº 1.) — Anuli nostri inpressione insigniri jussimus. (Dipl. de Hugues Capet, de 988. *Ibid.*, K. 18, nº 1.)

(11) De anulo nostro subter sigillare jussimus. (Dipl. de Childebert Iᵉʳ. De Wailly, t. I, p. 279.) — De anulo nostro jussimus sigillare. (Dipl. de Dagobert Iᵉʳ, de l'an 637. Arch. de l'Empire, K. 1, nº 7.) — De anulo nostro jussimus sigillare. (Dipl. de Charlemagne, de 775. *Ibid.*, K. 6, nº 4.) — *Id.* Louis le Débonnaire. (Dipl. de 833. *Ibid.*, K. 9, nº 8.) — *Id.* Charles le Chauve. (*Ibid.*, K. 14, nº 12.)—*Id.* Robert, 1008. (*Ibid.* K. 18, nº 3.) — *Id.* Charles le Gros, 881. (Muratori, t. II, 2ᵉ partie, col. 382.)

(12) De sigillo nostro subter signari fecimus. (Dipl. de Charlemagne, de 797. Muratori, t. II, 2ᵉ partie, col. 442.) — Sigilli nostri inpressione signari precepimus. (Dipl. de Robert, de 1030. Arch. de l'Empire, K. 18, nº 6.) — Præcepimus..... sigilli nostri inpressione signari. (De Wailly, *Éléments de paléographie*, t. Iᵉʳ, p. 306.) — Ad hanc ergo donationem roborandam et firmisse tenendam inpressione sigilli mei signari precipio. (Donation par Humbert de Beaujeu à Gui, comte de Forez; fin du xIIᵉ siècle, Arch. de l'Empire, P. 491, c. 144.)

xiie siècle, on en scella (13). Les termes *signum* et *signare* signifièrent dès lors, et sans équivoque possible, le seing ou signe à l'encre tracé par la main du signataire.

Dans les bas siècles, de même qu'à l'époque romaine, l'anneau à signer était détruit à la mort de celui qui l'avait employé. Ordinairement on l'enfermait avec lui dans son tombeau. On se rappelle que l'anneau de Childéric Ier a été trouvé à Tournay, le 27 mai 1653, et que c'est la légende *Childirici regis* qu'il portait qui a fait reconnaître la sépulture de ce roi franc.

§ III

DE LA SOUSCRIPTION DU VIe AU XIIe SIÈCLE

En admettant le principe de la souscription, les conquérants admirent aussi toutes les prescriptions du droit romain qui s'y rattachaient, et ce n'était que dans le cas d'impossibilité matérielle ou d'ignorance que les parties ou les témoins pouvaient être

---

(13) Cette dernière formule se trouve pour la première fois dans un diplôme de Clotaire II de l'an 627. « Decrevimus..... nostro sigillo sigillare. » (*Nouveau Traité de diplomatique*, t. V, p. 666.) Mais elle en fait suspecter l'authenticité.

dispensés de souscrire de leur propre main. La loi des Wisigoths et l'édit de Théodoric contiennent à cet égard les dispositions suivantes :

« Quales debeant scripturæ valere. — .... Simili « quoque et illæ scripturæ valere, quas et si auctor « subscribere ægritudine obsistente non valuit, in « eis tamen qui subscriptores accederent postulavit, « sic que subscriptionem vel signum ad vicem illius « auctoris ille qui est rogatus impresserit (14).

« Quod si testator aut litteras ignorando aut per « necessitatem vicinæ mortis, propriam subscri- « ptionem non potuerit commodare, tunc octavus « testis, pro testatore adhibeatur hujusmodi de cujus « fide dubitari omnino non possit (15). »

Childéric, trop jeune pour savoir écrire, *soussigna* un diplôme que sa mère souscrivit (16). Inchadus, évêque de Paris, et Aribert, archevêque de Milan, empêchés de souscrire, l'un par la cécité, l'autre par la maladie, tracèrent un seing manuel pour tenir lieu de leur souscription (17).

---

(14) Lex Wisigoth., l. II, t. V.

(15) Edict. Theoderici regis, XXIX.

(16) Ego dum propter imbecillem ætatem minime potui subscribere manu propria *subtersignavi* et regina *subterscripsit.*
Signum (l. s.) Childerici regis.
Blidechildis regina subscripsi.
(De Wailly, t. I, p. 279.)

(17) Inchadus, Parisiensis ecclesiæ episcopus, interfui, et quia

Mais, dès le viie siècle, la souscription commença à perdre son caractère primitif, et bientôt après elle se transforma au point de devenir non-seulement méconnaissable, mais encore inutile. En effet, à partir de ce siècle, les souscriptions autographes deviennent de plus en plus rares. Presque toutes sont tracées par les scribes ou les notaires, qui ne se donnent plus la peine de faire connaître la cause d'empêchement, cause trop générale alors pour avoir besoin d'être exprimée, et que nous devons presque toujours sous-entendre, surtout quand les témoins sont laïques : PRO IGNORANTIA LITTERARUM (18). Si quelques rois mérovingiens surent écrire, aucun de ceux de la deuxième race, comme le disent les Bénédictins, ne fut en état d'écrire quelques mots : « Cette incapacité devint du bel air lorsqu'on la vit assise sur le trône. » Les courtisans imitèrent le

ob amissionem luminum scribere nequivi, manu propria signa crucis firmavi +.

Signum + Ariberti archiepiscopi, qui propter ægritudinem scribere minime potui. (Mabillon, *De re diplom.*, p. 164.)

(18) Voici quelques souscriptions remarquables précisément à cause de l'aveu d'ignorance :

« Ego Witheredus, rex Cantiæ, omnia suprascripta confirmavi atque a me dictata, propria manu signum sanctæ crucis pro ignorantia litterarum expressi. (Du Cange, v° *Crux.*)

« + Signum Heribaldi, comitis sacri palatii, qui ibi fui et propter ignorantiam litterarum sanctæ crucis feci. (Muratori, t. II, 2e partie, col. 946.)

« + Signum manus predicti Guidonis [Guerra] qui hanc cartulam..... fieri rogavit, quia scribere nesciebat. (*Nouveau Traité de diplomatique*, t. IV, p. 769.)

souverain, et « le mépris des nobles pour les lettres passa à tous ceux qui leur étaient inférieurs, et même jusqu'à des ecclésiastiques. Plusieurs ignoraient l'art d'écrire jusqu'à ne pouvoir signer leur nom (19). » Un capitulaire fut même obligé de défendre que personne ne fût reçu clerc s'il n'était lettré (20).

Au ixe siècle, on acceptait déjà quelquefois comme synonymes les termes *signare* et *subscribere* (21) ; mais au xe, les notaires, qui n'étudiaient le droit que dans les formulaires qu'ils copiaient sans les comprendre, ne se doutaient même plus de ce qu'était la souscription. Ils la faisaient consister simplement dans l'annonce du seing manuel : *Signum* N.

(19) *Nouveau Traité de diplomatique*, t. V, p. 814.

(20) Nemo fiat clericus nisi qui bonum testimonium habet et litteratus est. (*Capitularia regum Francorum*, apud Walter, additio tertia, CXL, t. II, p. 803.)

(21) Imperator et pene omnes Galliæ et Germaniæ principes *subscripserunt*, singuli singulas *facientes cruces*. (Walter, *Corpus juris germanici antiqui*, t. II, p. 354.) — Les monogrammes de Louis le Débonnaire, de Lothaire et de Charles le Chauve sont annoncés comme des souscriptions dans leurs diplômes : « Et ut hæc auctoritas confirmationis nostræ ab omnibus melius et verius credatur et diligentius conservetur, *more nostro* (id est monogr. faciens), eam subter scribere et de bulla nostra jussimus sigillari. (*V.* Muratori, t. II, 2e partie, col. 366, 595, 382, 400, etc.) — Marculfe semble aussi confondre le seing manuel avec la souscription dans cette formule :.... « Hanc paginam testamenti et manus nostræ propriæ subscriptionibus, *quod ex consuetudine habuimus*, subscripsimus (formula XVII). » — En 1096, un évêque souscrivait ainsi : « Ego Odo Bajocensis episcopus, cartam hanc laudo et manu propria *signum faciens subscribo.* » (Pérard, *Recueil sur la Bourgogne*, p. 198.)

Ils en arrivèrent même jusqu'à ne faire qu'une seule souscription pour tous les témoins : *Signum manuum N., N., N.*, et enfin à ne donner qu'une simple liste de leurs noms : *Nomina eorum qui testes fuerunt :* N., N., N.

Dans ce dernier état de choses, la souscription, ne signifiant rien, n'eut plus de raison d'être et fut généralement abandonnée au xiie siècle.

CHAPITRE IV

§ Iᵉʳ

DES MONOGRAMMES

On entend par monogramme un caractère factice
formé des lettres du nom d'un individu. Le monogramme tient plus du dessin que de l'écriture ; il se
devine plutôt qu'il se lit, suivant l'expression de
Symmaque (1).

L'usage du monogramme est fort ancien. Plutar-
que et Symmaque en font mention. L'empereur
Justin, ne sachant pas écrire, fut le premier, au rap-
port de Procope, qui l'employa (2). Il se servait
pour le tracer d'une grille dont il suivait les con-
tours avec le calame. Théodoric, roi des Ostrogoths,

---

(1) Cupio cognoscere an omnes obsignatas acceperis eo anulo,
quo nomen meum magis intelligi quam legi promtum est.
(Symmacus, l. II, epist. xxi.)

(2) *Hist. Arc.*, c. vi.

usait du même procédé pour apposer son seing manuel. Les papes, primitivement, les empereurs et les rois signaient au moyen du monogramme.

Dans les diplômes et les chartes, le monogramme est généralement désigné par les mots : *monogramma* et *caracter nominis*. Quelquefois cependant on le trouve appelé *signaculum*.

Parmi les rois mérovingiens, il n'y eut que ceux qui ne surent pas écrire qui se servirent du monogramme, tels que Clovis II et III (3). Charlemagne, le premier, en introduisit l'usage constant, usage qui persévéra jusqu'à Philippe IV. Avant son élévation à l'empire, il ne signait que d'une simple croix. Le premier aussi, il introduisit l'usage des monogrammes cruciformes (4). On doit donc considérer comme apocryphe le monogramme de Clovis Ier publié par Étienne Pérard (5), et c'est avec raison encore que M. Benjamin Fillon (6) fait remarquer que celui de Dagobert, reproduit par Montfaucon dans ses *Monuments de la monarchie française* (7), ne peut être que l'œuvre d'un faussaire.

(3) *V.* Mabillon, p. 377, pl. xviii.

(4) *V.* pl. iv, n° 1, son monogr., et, n°s 2 et 3, ceux de Conrad et de Louis d'Outremer.

(5) *Recueil de plusieurs pièces curieuses servant à l'histoire de Bourgogne*, p. 21.

(6) *Considérations historiques et artistiques sur les monnaies de France*, p. 52, note.

(7) Tome Ier, pl. xii, n° 6.

Les rois de la troisième race laissèrent à leurs chanceliers ou à leurs notaires le soin de tracer leur monogramme, se bornant, eux, à inscrire un Y dans le losange central des monogrammes cruciformes (8). Mabillon, en signalant cette lettre, se demande quelle est sa signification. Est-ce l'Y symbolique de Pythagore, ou bien une simple marque abréviative d'approbation? *Ya*, en anglais et en allemand, veut dire *oui*. Charlemagne, qui aimait à parler quelquefois le tudesque, l'a-t-il imaginée (9)?

Très-souvent le monogramme du même souverain n'était pas tracé d'une manière identique par les scribes chargés de l'apposer. Sa force probante ne consistait pas dans une forme déterminée, il suffisait que toutes ou la plus grande partie des lettres du nom royal entrassent dans sa composition (9 *bis*). On peut comparer comme exemple les monogrammes de Louis le Débonnaire (*V.* pl. IV, nᵒˢ 4 et 5) tracés sur deux diplômes de l'an 824 conservés aujourd'hui à la Bibliothèque impériale (10).

---

(8) *V.* pl. IV, nᵒˢ 1, 2 et 3, les seings de Charlemagne, Louis d'Outremer et Conrad; et pl. XXXI, nᵒˢ 7, 9; pl. XXXII, nᵒ 4; pl. XXXIII, nᵒˢ 1 et 2; pl. XXXIV, nᵒˢ 2, 3, 4 et 5; pl. XXXV, nᵒˢ 1, 2 et 3; pl. XXXVI, nᵒˢ 1 et 2; pl. XXXVII, nᵒˢ 1 et 4.

(9) *De re diplomatica*, p. 157.

(9 *bis*) Peut-être aussi que ces variations introduites dans les monogrammes avaient pour but de dérouter les faussaires.

(10) Chartes originales de Cluny, nᵒˢ 9 et 10.

La signature en monogramme ne fut pas exclusivement employée par les papes, les rois et les empereurs, car on connaît des seings manuels de cette nature tracés par des évêques, de grands feudataires, voire même de simples abbés (11) et des notaires impériaux (12).

§ II

SEINGS DES CHANCELIERS ET DES NOTAIRES

A raison du caractère public attaché à leurs fonctions et de la responsabilité qu'ils assumaient en recevant un acte, les chanceliers, les notaires (13) et les scribes se virent en quelque sorte contraints,

---

(11) *V.* pl. **xx**, nº 1, celui d'un abbé espagnol du nom de Remerio.

(12) *V. ibid.*, nᵒˢ 2 et 3, ceux d'André Julien, notaire à Lyon, et de Jean Ruf de la Croix, notaire à Paris.

(13) Primitivement, à Rome, les notaires n'étaient que de simples scribes. Leur habileté dans l'art d'écrire rapidement était renommée :

> Currant verba licet, manus est velocior illis;
> Nondum lingua suum dextra peregit opus.
> (Martial, l. XIV, Apophoreta ccvi.)

Vers 401, les empereurs Arcadius et Honorius érigèrent leurs fonctions en charges publiques. Par l'art. 3 de son capitulaire de 803, Charlemagne enjoignit aux *missi dominici* d'en nommer un dans chaque lieu; et, par l'art. 3 de celui de 805, il ordonna

dès le vi[e] siècle, d'adopter un seing manuel compli-
qué et par conséquent difficile à contrefaire. Les
ruches que l'on remarque jusqu'au xie siècle au bas
des diplômes impériaux et royaux ne sont autre
chose que les seings de ces fonctionnaires, enlaçant
dans des traits incohérents ou bizarrement coordonnés des notes tironiennes dont le sens échappe le plus
souvent à la sagacité des investigateurs les plus érudits
et les plus expérimentés ; telles sont les ruches tracées
sur un diplôme de Conrad Ier, de l'an 913 (*V.* pl. ii,
n° 1), et sur un autre d'Othon II, de l'an 975 (*V.* pl. ii,

à chaque évêque, abbé et comte, d'avoir le sien. (... *Et unusquisque episcopus et abbas et singuli comites notarium
suum habeant.*)

Au xiiie siècle apparurent les notaires apostoliques et impériaux.
Établis par le pape et l'empereur et instrumentant en leur nom,
ils exerçaient dans toute l'Europe.

Au mois de juillet 1304, Philippe le Bel régla les attributions
des notaires royaux. (*Ordon. des rois de France*, t. Ier, p. 419.)
Son ordonnance est le type du notariat actuel.

Par un édit de 1490, Charles VIII cassa tous les notaires impériaux et apostoliques qui se trouvaient en France, et défendit à
ses sujets « de faire, passer ou recevoir aucun contrat par notaires
impériaux, apostoliques ou épiscopaux en matière temporelle, sur
peine de n'être foy ajoutée aux dits instrumens, lesquelz doresna-
vant seroient reputez nuls ».

Beaucoup d'ecclésiastiques remplirent les fonctions de notaire
jusqu'à ce qu'elles furent prohibées aux prêtres, diacres et sous-
diacres par le pape Innocent III, qui ne les toléra seulement
qu'en faveur des simples clercs.

Le notariat a toujours été considéré, au moyen âge, comme une
fonction très-relevée. Les notaires de Dauphiné prenaient la qualité de nobles, et la question de savoir s'ils devaient contribuer
aux tailles était controversée dans le parlement. (*V.* Revel, *Usages
de Bresse*, édit. in-4°, p. 437.)

nº 2). Le nº 3 de la même planche représente un seing beaucoup plus simple, quoique de la même époque (941). Kopp a lu entre les deux lignes horizontales qui le traversent : *Brun cancellarius recognovit et scripsit* (14).

Aux xie et xiie siècles les seings des notaires et des scribes devinrent d'une grande simplicité (15). Depuis le commencement de ce dernier siècle ils sont généralement annoncés dans les souscriptions.

Un privilége de Sanche, roi d'Espagne, de l'an 1024 (16), se termine ainsi : « Gratia Dei ego Gar- « cia scriba, domino meo regi obediens, hunc privi- « legium scripsi propria manu atque hunc signum « feci. » (Pl. v, nº 14.)

Le scribe qui écrivit en 1131 le testament de Guillaume, évêque d'Urgel (17), le souscrit ainsi : « Emengardus juris ac legislator sancteque Urgel-

---

(14) *Palæographia critica*, t. Ier, p. 406.

(15) *V.* pl. v, nº 15, celui de Pierre Siquin, qui écrivit le testament de Gérard, comte de Roussillon (1107). Bibl. imp., Mss. Doat, vol. 40, fº 50. — Et nº 12, celui du notaire qui rédigea le procès-verbal de la publication du testament d'Ermesinde, comtesse de Melgoire, en 1176. (Arch. de l'Empire, *Trésor des Chartes*, J. 328, nº 2.)

(16) Bibl. imp., Chartes originales de Cluni, nº 90.

(17) Bibl. imp., Mss. Doat, vol. 40, fº 60.

« lensis ecclesie hostiarius et janitor, hoc jussus
« scripsi testamentum assumo usque deorsum, et in
« epilogo solitum impressi signum. » (Pl. v, n° 13.)

Un autre testament de l'an 1152 est clos par cette
phrase : « Guillelmus presbiter hoc scriptum scri-
« psit, et cum hoc suo assueto signo corrabora-
« vit (18). »

§ III

DES CROIX

On a déjà pu voir par des citations faites dans les
chapitres précédents que le premier seing manuel
dont les chrétiens illettrés firent usage ne consistait
qu'en une simple croix. A cette époque, la croix était
le signe par excellence ; son apposition équivalait en
même temps à une invocation, à une profession de
foi, à un serment écrit ; aussi, du vi° au xii° siècle,
si l'on en excepte les monogrammes des souverains et de quelques prélats, les ruches des chanceliers et les seings d'un petit nombre de notaires et
de scribes, toutes les signatures ne sont que des
croix.

(18) Bibl. imp., Mss. Doat, vol. 40, f° 80.

L'usage voulait que tous les actes portassent comme garanties de vérité la croix des parties et des témoins (19), et c'était pour se conformer à cet usage que des personnes très-évidemment lettrées l'employèrent, non-seulement comme invocation, mais encore comme seing, lors même qu'elles traçaient ou pouvaient tracer leur souscription de leur propre main. Les papes, dans les premiers siècles, bornaient leur souscription à la salutation finale : *Bene valete*, et la faisaient précéder le plus souvent d'une croix. Nicolas Ier la plaçait entre deux croix (20). Au xe siècle, lorsque le *Bene valete* fut réduit en monogramme (*V*. pl. iii, n° 2), et que le soin de le tracer fut abandonné aux chanceliers ecclésiastiques, les papes n'en continuèrent pas moins à tracer leur croix. A partir du xie siècle, ils l'apposèrent dans le haut des cercles concentriques des grandes bulles ; au xiie, ils recommencèrent à souscrire d'une croix précédant leur nom.

A l'exemple des papes, les cardinaux et les autres grands fonctionnaires de l'Église firent précéder d'une croix leur souscription consistant ordinaire-

(19) « SICUT USUS POSTULAT. » (Charte de Philippe Ier, de l'an 1076, à la Bibl. imp., Ch. orig. de Cluni, n° 130.) — Une disposition législative de Léon le Philosophe avait même consacré cette manière de signer par la croix pour les contractants illettrés : « Etiam si qui pactum inierunt sua manu sacrosanctæ crucis scriptum signarint. » (Novella 72.)

(20) Bulle du 28 avril 863, aux Arch. de l'Empire, **L.** 208, n° 1.

ment en leurs noms, leurs qualités et quelquefois en une salutation, une formule approbative. Le mot *Legimus*, précédé et suivi d'une croix, formait la souscription de Léon, évêque de Ravenne. Saint Éloi plaçait aussi une croix (21) devant sa souscription : ✝ *In Christi nomine Eligius episcopus subscripsi.* Dans la suite cette croix, qui n'avait été adoptée par le clergé que comme une invocation, devint même pour lui une véritable signature et se trouve annoncée comme telle :

« ✝ Signum Rodulfi Remorum archiepi-« scopi (22); »

« ✝ Signum Damberti Senonensis archiepi-« scopi (23). »

La première de ces souscriptions a été tracée par l'archevêque de Reims, la seconde par l'écrivain de la charte.

Plusieurs de nos rois n'eurent pas d'autre signature que la simple croix : Thierry III (Pl. xxxi, n° 4), Carloman (24) et Pepin le Bref (Pl. xxxi, n° 5). Plusieurs autres firent usage de la croix concurremment avec leurs monogrammes, tels que : Henri Ier

(21) V. pl. iii, n° 3, Arch. de l'Empire, K. 2, n° 3.

(22) Arch. de l'Empire, K. 21, n° 8.

(23) *Ibid.*, n° 4.

(24) Mabillon, pl. xxiii, p. 386.

(Pl. xxxvi, n° 3), Louis le Gros (Pl. iv, n° 7), Philippe Ier (Pl. v, n° 1, et pl. xxxvii, n° 6). Les anciens rois d'Angleterre traçaient aussi une croix au bas de leurs diplômes. Mathieu Paris nous apprend qu'elle était tracée avec de l'encre d'or. Guillaume le Conquérant ne faisait qu'une croix tracée en encre noire (Pl. v, n° 2).

L'apposition de la croix était annoncée de diverses manières dans les diplômes et les chartes. Voici quelques-unes des formules employées du viie au xiie siècle :

« Signum ✠ vir inlust. Radoberto maj. dom. (25); »

« Signum ✠ inlustri viro Pippino majori do-« mus (26) ; »

« Signum ✠ Pippini gloriosissimi regis (27); »

« Signum Carolomanno gloriosissimo rege (28); »

« ✠ Ego Eadgar, rex Anglorum, sub sigillo « sanctæ crucis corroboravi (29). »

« ✠ Ego Cnut, rex Angelorum, almæ crucis signa-« culo hanc munificentiam consignavi (30). »

(25) Arch. de l'Empire, K. 2, n° 3. — Dipl. de 653.
(26) Mabillon, tab. 46. — Dipl. de 751.
(27) Arch. de l'Empire, K. 5, n° 9. — Dipl. de 767.
(28) Mabillon, pl. xxiii, p. 386.
(29) De Wailly, t. Ier.
(30) *Id., ibid.,* p. 267.

« Ego Conanus, Britanniæ comes..... ut hæc ab
« omnibus successoribus meis et certius credantur et
« diligentius conserventur, manu propria signum S.
« crucis in membrana ista effigiavi (31). »

« Ego Hoel, gratia Dei comes Britanniæ, testis
« hujus rei sum cum signo crucis æterni regis (32). »

« Ego Sanccius gratia Dei Hispaniarum rex.....
« hunc privilegium confirmo et manu propria hoc
« signum sancte crucis pono (33). [Pl. v, n° 3.] »

« Hoc est sinum (*sic*) regis Philippi regnantis sua
« manu scriptum + (34). »

« Ego Bernardus, gratia Dei comes, confirmo et
« manu propria consigna ita + (35). [Pl. v, n° 4.] »

« Signum + Ludovici regis (36). [Pl. v, n° 7.] »

Dans le principe, toutes les croix étaient formées
de la même manière, c'est-à-dire par deux traits se
coupant à peu près à angle droit. Les dimensions
des traits, leur plus ou moins d'inclinaison impor-

(31) Dom Morice, *Mémoires pour servir à l'histoire de Bretagne*, t. 1er, col. 409.

(32) *Id.*, col. 432.

(33) Bibl. Imp., Ch. orig. de Cluni, n° 90.

(34) *Ibid.*, n° 130.

(35) *Ibid.*, n° 146.

(36) *Ibid.*, n° 193.

taient peu au signataire, dont l'intention n'était pas
de reproduire exactement un dessin adopté par lui,
mais bien de s'engager par un lien d'honneur et de
religion à l'exécution de l'acte au bas duquel il avait
apposé sa croix. Quelle que soit la manière dont
elle avait été faite, sa valeur était la même. Philippe Ier, qui d'habitude la traçait au moyen du calame, la traça une fois avec son doigt trempé dans
l'encre (37). Cependant, dès le viie siècle, des grands
fonctionnaires et des prélats, appelés à apposer souvent la leur, lui adjoignirent certains détails d'ornementation qui la distinguaient des autres et en faisaient un seing particulier (38).

A partir du xe siècle, il est souvent impossible de
reconnaître quelle croix a tracée tel ou tel des
témoins toutes les croix se trouvant sans ordre à la
suite de cette formule de souscription :

« Signum manuum N., N., testes rogati a N., qui
« ibi fuerunt et signum crucis fecerunt (39). »

Dès le xe siècle aussi on rencontre des chartes où

---

(37) « Crucis signum digito impressi. » (Mabillon, *De re dipl.*,
p. 168.)

(38) V. le diplôme de Clovis II, conservé aux Arch, de l'Empire,
K. 2, n° 3, et reproduit par Mabillon, et pl. v, n°s 7-10, les croix
des cardinaux souscripteurs d'une bulle du pape Alexandre III.
(Arch. de l'Empire, L. 231, n° 49.)

(39) Muratori, 2e vol., 2e p., col. 952, 988, 995, 1000, etc.

toutes les croix ont été faites par le notaire qui a reçu l'acte. Quelquefois même les scribes, pour simplifier leur besogne, se contentaient de tracer une ligne horizontale, et sur cette ligne, autant de traits verticaux qu'il y avait de parties et de témoins.

L'usage de signer par la croix se perdit à la fin du xiie siècle, non pas cependant d'une manière absolue, car on en trouve encore des exemples, mais de plus en plus rares, dans tous les siècles suivants.

§ IV

Ainsi, dans la forme où ils étaient généralement conçus aux xe et xie siècles, presque tous les actes, dénués, comme nous l'avons vu, de l'autorité qui devait résulter pour eux de l'emploi intelligent de la souscription et du seing manuel, n'avaient, en cas de contestation, qu'une valeur à peu près nulle. La preuve testimoniale seule pouvait être efficacement invoquée et admise en faveur de leur authenticité; mais cette preuve, bien difficile souvent à établir au bout de quelques années, devenait presque toujours impossible après un demi-siècle. Il est vrai que parfois, et surtout lorsqu'il s'agissait d'actes importants, on assurait à cette preuve une très-longue durée au moyen d'un singulier procédé : dans l'église, au pied de l'autel, au milieu d'une imposante cérémonie, on expliquait à de jeunes enfants les conventions qui avaient été faites, et, au moment où ils s'y attendaient le moins, on leur tirait fortement les oreilles ou on les souffletait, de manière qu'en gardant le souvenir de cette peine imméritée ils gardassent aussi le souvenir de l'occasion à laquelle elle leur avait éte infligée et pussent en témoigner dans un âge très-avancé (40). Ce procédé, emprunté à la loi des Ripuaires (41), se conserva fort longtemps dans certaines provinces. Il était encore pratiqué dans le pays de Dombes à la fin du XIIIᵉ siècle (42).

En somme, pendant cette période, le plus grand nombre des actes n'offraient d'autre garantie d'exécution que la loyauté des parties et la bonne foi des intéressés, loyauté et bonne foi que les clercs, les notaires et les scribes s'efforçaient de maintenir par le sentiment religieux, soit en faisant prêter aux

(40) *Annales Benedictinæ*, t. IV, p. 393.

(41) Si quis villam, aut vineam, aut quamlibet possessiunculam ab alio comparaverit, et testimonium accipere non potuerit, si mediocris res est cum sex testibus, et si parva cum tribus; quod si magna, cum duodecim, ad locum traditionis, cum totidem numero pueris accedat. Et sic eis præsentibus, pretium tradat et possessionem accipiat, et unicumque de parvulis alapos donet et torqueat auriculas, ut ei post modum testimonium præbeant. (Lex Ripuariorum, tit. LXII, art. 1.)

(42) Aubret, Mémoires mss., fᵒ 793.

contractants des serments sur les livres saints, soit
en leur faisant faire des gestes symboliques équiva-
lents, tels que la rupture d'un fêtu de paille, des
poignées de mains (43), l'attouchement de l'acte (44)
ou son dépôt sur un autel privilégié (45), soit même
en prononçant contre les contrevenants des excom-
munications, des imprécations ou des malédictions
terribles.

Mais tous ces procédés, souvent très-salutaires,
ne pouvaient, en réalité, convenir à la civilisation,
relativement avancée, de la fin du xiie siècle : aussi
les rejeta-t-elle complétement pour leur substituer
des preuves matérielles et extrinsèques d'authentication, preuves résultant de la rédaction des actes
en forme de chartes parties, ondulées ou endentées,
et de l'apposition des sceaux.

Les registres à souche donnent une idée exacte

(43) Promisit... inde et manum suam posuit in manu mea,
quod loco juramenti habetur. (Charte de 1133, ap. dom Morice,
Mémoires pour servir à l'histoire de Bretagne, t. Ier, col. 568.)

(44) Ego Guihenocus de Anciniso.... ut hæc cartula inviola-
bilem obtineat firmitatem, ego ipse tactu eam manus proprio et
crucis caractere firmavi et manibus fidelium quorum inferius
annotantur nomina firmandam tradidi. (*Ibid.*, col. 437. Ch. du
xie siècle.)

(45) Hoc vero donum coram meis primatibus atque militibus
quorum nomina subscribi precepi, super Dei Genetricis altare
propria manu pono. (Ch. de 1074. *Ibid.*, col. 440.)

Hoc donum prati in manu Buelloni posuerunt, deinceps super
altare sancti Andreæ portaverunt. (*Ibid.*, col. 458.)

de ce qu'étaient les chartes parties ondulées et
endentées (*chartæ partitæ, ondulatæ, endendatæ*).
Ces chartes, qui remontent en Angleterre au ix^e
siècle, ne furent introduites en France qu'au xi^e
et n'y devinrent communes qu'à partir du xiie.

Vers le milieu de ce dernier siècle, l'usage du
sceau, jusque là très-restreint, devint général pour
les prélats et les nobles. Dès le siècle suivant, cet
usage s'étendit de la noblesse à la bourgeoisie, des
communes aux corporations, des corporations aux
membres qui les composaient et même jusqu'aux
simples artisans (46), de telle sorte que presque tous
les actes n'étaient plus garantis que par l'apposition
des sceaux, qui jouaient alors le double rôle de la
souscription et du *signum* : de la souscription par
les légendes, et du *signum* par les objets qu'ils
représentaient.

(46) V. *Dictionnaire de sigillographie pratique,* par MM. Chas-
sant et Delbarre. Paris, Dumoulin, 1860, p. 15, pl. viii.

CHAPITRE V

CAUSES DE PERSISTANCE DE L'EMPLOI DU SEING MANUEL DEPUIS LE XIIIᵉ SIÈCLE

§ Iᵉʳ

FORME DES TESTAMENTS DANS LES PAYS DE DROIT ÉCRIT

On se rappelle quelles étaient les prescriptions de la législation romaine relative aux testaments (1). Ces prescriptions, admises en principe, aux xiiiᵉ et xivᵉ siècle, dans les pays de droit écrit (2), n'étaient observées, il faut le reconnaître, que suivant l'in-

(1) V. ci-dessus ch. 1ᵉʳ.

(2) Il n'est peut-être pas hors de propos de faire connaître ici quelles étaient les formalités ordinairement usitées à cette époque pour la *clôture* et l'*ouverture* des testaments : — La dictée de tout testament se terminait par une prière qu'adressait le testateur aux témoins mâles et pubères, choisis par lui, de souscrire, signer et sceller la charte contenant ses dernières volontés : « Rogo autem testes presentes, masculos et puberes, ut ipsi hanc meam ultimam voluntatem sigillent, signent et in ea subscribant aut subscribi faciant, et inde loco et tempore testimonium prehibeant veritati. (Test. d'Éléonore de Savoie, mars 1289 ; Arch. de l'Empire, P. 1366, c. 1384.) — Rogo autem testes presentes,

terprétation que leur donnaient les notaires et les clercs chargés de les appliquer. Ainsi on trouve des testaments qui ne sont que souscrits; d'autres qui sont souscrits et scellés; d'autres encore qui sont

masculos et puberes, ad hoc specialiter vocatos et rogatos, quorum nomina videbuntur a tergo hujus carte, in qua mea voluntas ultima continetur, ut in ea sigillant, subscribant per se vel per alium et signant. (Test. de Guy, comte de Forez, 1357; Arch. de l'Empire, P. 1397, c. 468.) — Le scribe, après avoir transcrit cette prière, présentait la charte au testateur et aux témoins, qui la souscrivaient, la signaient et la scellaient. Quelquefois les sceaux n'étaient que simplement appendus au bas de la feuille de parchemin, mais le plus souvent ils étaient soigneusement attachés sur trois des côtés de cette feuille pliée en deux, de manière qu'il ne fût pas possible de l'ouvrir sans la déchirer ou sans rompre les attaches qui soutenaient les sceaux. — Après le décès du testateur, ses exécuteurs testamentaires déposaient son testament entre les mains d'un prélat ou d'un official, qui convoquait les témoins par des publications faites à plusieurs reprises dans les églises de la terre du défunt, leur présentait à reconnaître leurs souscriptions, leurs seings et leurs sceaux, dressait procès-verbal de leurs déclarations, ouvrait le testament, en faisait une lecture publique, puis enfin en remettait, sous son sceau, des expéditions à chacun des héritiers, et des extraits *parte in qua* aux principaux légataires. « ..... Nos, vocatis primo et secundo publice et in generali in pluribus ecclesiis terre Bellijoci illis qui fuerunt evocandi et quorum intererat, inspectis etiam diligenter sigillis, subscriptionibus et signis septem testium, videlicet, Hugonis, decani, Ay, Cantoris, Guigonis Salvagii, canonici ecclesie Bellijoci, Guillelmi Palatini, Guigonis de Gleteins, Palatini de Riorterio, et Stephani de Pisiaco, militum, qui in ipsa ultima voluntate, seu dispositione, sigillaverant, subscripserunt, vel subscribi fecerant, propriisque manibus signaverant, prout facie apparebat, cum sigilla sua, subscriptiones et signa recognoscerent omnes predicti, exceptis dictis Palatino de Riorterio et Stephano de Pisiaco, militibus, viam universam ingressis, etc., etc. » (Procès-verbal de l'ouverture du testament de Guichard, sire de Beaujeu, par l'official de Lyon, 1265; Arch. de l'Empire, P. 1366, c. 1486.)

souscrits et munis de seings manuels; d'autres,
enfin, et ceux-ci sont les plus nombreux, qui sont
à la fois souscrits, scellés et munis de seings manuels.
En général toutes les souscriptions sont accompa-
gnées de ces seings.

L'emploi du seing manuel, à cette époque, peut
s'expliquer, à l'égard des membres du clergé, par
le sens donné aux termes *signum* et *signare* par les
siècles de barbarie, sens conservé depuis (3); mais,
quant au plus grand nombre des laïques et surtout
des gentilshommes, cet emploi s'explique tout natu-
rellement par la cause à laquelle ce seing doit son
origine, c'est-à-dire l'ignorance des souscripteurs.

§ II

DE LA SOUSCRIPTION DES TESTAMENTS AUX XIIIᵉ ET XIVᵉ SIÈCLES

Si toute la France avait été régie par le droit
écrit, si des clercs plus légistes et moins routiniers
avaient présidé à la confection de tous les testaments
qui nous restent encore, rien ne serait plus facile
que de dresser, au moyen des souscriptions, le bilan

(3) *V.* ci-dessus, p. 23.

de l'instruction littéraire de ces deux siècles, et surtout de démontrer que presque tous les gentilshommes ne savaient pas écrire, et que, le clergé mis à part, ils étaient aussi ignorants que les autres classes de la nation qui, en fait des lettres, ne connaissaient à peu près rien. Les quelques souscriptions de testaments que nous croyons devoir faire passer sous les yeux du lecteur contribueront peut-être à établir la vérité de cette assertion :

Souscriptions du codicille de Guichard VIII, sire de Beaujeu.
18 septembre 1331 (4).

« Ego Humbertus de Francheleins, miles, testis
« a dicto domino meo requisitus, presens fui, sub-
« scribi feci, et manu mea propria sigillavi et
« signavi. » (Pl. vi, n° 21.)

« Ego Johannes, dicti domini capellanus, cano-
« nicus de Castro Villano, ab ipso domino meo
« requisitus, subscribi feci, presens fui et manu
« propria sigillavi et signavi. » (Pl. vi, n° 22.)

« Ego Johannes de Dya, medicus, ab ipso domino
« meo requisitus, presens fui, subscribi feci, et
« sigillo meo sigillavi et manu propria signavi. »
(Pl. vi, n° 23.)

(4) Arch. de l'Empire, P. 1366, cote 1489.

« Ego Johannes de Vilnas, testis a dicto meo
« domino requisitus, presens fui, et sigillo meo
« sigillavi et signavi (5). »

« Ego Reginaldus de Marchia, testis a dicto
« domino meo requisitus, presens fui, subscribi
« feci, et sigillo meo sigillavi et signavi. » (Pl. vi,
n° 24.)

« Ego Guilletus, dictus de Colomier, testis a
« dicto domino requisitus, presens fui, sigillavi et
« signavi (6) et subscribi feci. »

« Ego Guichardus de Perrues, ipsius domini
« mei ac regis clericus, testis a dicto domino meo
« requisitus, presens fui, sigillo meo sigillavi ac
« signo proprio signavi (7). »

Souscriptions du testament d'Édouard Ier, sire de Beaujeu.
27 mars 1346 (8).

« Ego vero Edduardus, dominus Bellijoci, presens
« meum testamentum seu ultimam voluntatem sub-

----

(5) Quoique son seing manuel fût annoncé dans la souscription
écrite en son nom par le scribe, ce témoin, par une raison que
nous ignorons, ne l'apposa pas. *Deposuit, tamen dicit quod non*
signavit, porte une note écrite, à côté de cette souscription, par
l'official qui procéda à l'ouverture du codicille.

(6) Même observation qu'à la note précédente : *Deposuit, tamen*
non sinavit.

(7) Même observation : *Deposuit, tamen non sinavit.*

(8) Arch. de l'Empire, P. 1367, c. 1518.

« scribi feci, et in testimonium contentorum in
« eodem, meo magno sigillo sigillavi, et manu
« propria signavi. » (Pl. viii, n° 2.)

« Ego Everdus de Chintriaco, miles, testis rogatus
« a testatore, presens interfui, subscripbi feci,
« signavi manu propria (Pl. vii, n° 15), sigillavi. »

« Ego Hugo de Marziaco, miles, testis rogatus a
« testatore, presens interfui, subscripbi feci, sigillavi
« manu propria et signavi. » (Pl. viii, n° 7.)

« Ego Stephanus de Laye, miles, testis rogatus a
« testatore, presens interfui, subscripbi feci, sigil-
« lavi manu propria et signavi. » (Pl. viii, n° 9.)

« Ego Guillermus de Molone, miles, testis rogatus
« a testatore, presens interfui, subscripbi feci,
« sigillavi manu propria et signavi. » (Pl. vii, n° 17.)

« Ego Johannes, bastardus de Bellijoco, miles,
« testis rogatus a testatore, presens interfui, sub-
« scripbi feci, sigillavi manu propria et signavi. »
(Pl. viii, n° 6.)

« Ego Stephanus de Taney, miles, testis rogatus
« a testatore, presens interfui, subscripbi feci,
« sigillavi et manu propria signavi. » (Pl. viii, n° 1.)

« Ego Hugoninus de Gletens, domicellus, testis
« rogatus a testatore, presens interfui, subscripbi

« feci, sigillavi manu propria et signavi. » (Pl. vii,
n° 18.)

« Ego Petrus de Villa Urbana, dictus li Pans,
« domicellus, testis rogatus a testatore, presens
« interfui, subscripbi feci, sigillavi manu propria
« et signavi. » (Pl. vii, n° 16.)

« Ego Hugo de Vandens, clericus, testis rogatus
« a testatore, presens interfui, subscripbi feci, manu
« propria sigillavi et signavi. » (Pl. vii, n° 14.)

« Ego vero Petrus de Aula, clericus, notarius
« publicus, presens testamentum, de mandato et ad
« requestam dicti testatoris, recepi, et rogatus
« manu propria sigillavi et signavi. » (Pl. vii, n° 19.)

Souscriptions du codicille du même sire de Beaujeu.
5 avril 1347 (9).

« Ego Edduardus, dominus Bellijoci, hos meos
« codicillos testibus subscriptis presentavi, subscribi
« in hiis feci, sigillavi et manu propria signavi. »
« [Pl. viii, n° 10] (10).

(9) Arch. de l'Empire, P. 1367, c. 1518.

(10) On remarquera sans doute que ce seing manuel ne res-
semble en rien à celui tracé dans le testament. Peut-être qu'Édouard

« Ego Gu..... de..... miles, rogatus a codici-
« latore, presens interfui, subscribi feci, sigillavi
« manu propria et signavi. » (Pl. VIII, n° 3.)

« Ego Guillermus de Molone, miles, rogatus a
« codicillatore, presens interfui, subscribi feci,
« sigillavi, et manu propria signavi. » (Pl. VII, n° 17.)

« Ego Johannes de Theliz, miles rogatus a codi-
« cillatore, presens interfui, subscribi feci, sigillavi
« manu propria et signavi. » (Pl. VIII, n° 4.)

« Ego Stephanus de Laie, miles, rogatus a dicto
« codicillatore, presens interfui, subscribi feci,
« sigillavi manu propria et signavi. » (Pl. VIII, n° 9.)

« Ego Hugo de Marziaco, miles, rogatus a dicto
« codicillatore, presens interfui, subscribi feci,
« sigillavi manu propria et signavi. » (Pl. VIII, n° 7.)

« Ego Johannes de Jo, licenciatus in legibus,
« rogatus a dicto codicillatore, presens interfui,
« subscribi, sigillavi manu propria et signavi. »
(Pl. VIII, n° 5.)

La seule observation à faire sur les souscriptions
qui précèdent est que toutes ont été écrites par le

---

de Beaujeu, qui avait deux sceaux, l'un grand, l'autre petit, avait
aussi deux seings manuels, l'un très-compliqué, l'autre très-
simple, suivant en cela, comme nous allons le voir plus loin,
l'exemple des notaires.

scribe et que les souscripteurs ne se sont servis de la plume que pour tracer leurs seings.

Souscriptions du testament de Jordane de Jamage, fille de Hugues de Jamage, et femme de Gui, seigneur de la Roche. — 1271 (11).

« Ego Anmarus, clericus Aniciensis, testis voca- « tus et rogatus, interfui huic testamento J., uxoris « G., domini de Rupe, et in eo subscripsi, sigillavi « et signavi. » (Pl. VI, n° 1.)

« Ego Johannes de Samonlec, clericus Aniciensis, « testis vocatus et rogatus, interfui huic testamento « J., uxoris G., domini de Rupe, et in eo subscripsi, « sigillavi et signavi. » (Pl. VI, n° 2.)

« Ego.... clericus Aniciensis, testis vocatus et « rogatus, interfui huic testamento J., uxoris G., « domini de Rupe, et in eo subscripsi, sigillavi et « signavi. » (Pl. VI, n° 3.)

« Ego Jo. de Concis, clericus Aniciensis, testis « vocatus et rogatus, interfui huic testamento J., « uxoris G., domini de Rupe, et in eo subscripsi, « sigillavi et signavi. » Pl. VI, n° 4.)

(11) Arch. de l'Empire, P. 1399, c. 811.

« Ego Chasto de Torno, canonicus Aniciensis,
« testis vocatus et rogatus, interfui huic testamento
« J., uxoris G., domini de Rupe, et in eo subscripsi,
« sigillavi et signavi. » (Pl. vi, n° 5.)

« Ego A. de Monte Acuto, abbas Secureti, huic
« testamento J., vocatus et rogatus, testis ab ipsa
« testatrice, presens interfui, et in eo per manum
« Johannis de Concis, clerici Aniciensis, subscripsi
« et sigillo proprio et manu propria in eo sigillavi et
« signavi. » (Pl. vi, n° 6.)

« Ego W. de Terre, huic testamento J., testatri-
« cis, testis vocatus et rogatus ab ipsa, interfui, et
« in eo subscripsi, signavi (Pl. vi, n° 7) et sigil-
« lavi (12). »

*Souscriptions du testament d'Éléonore de Savoie, femme de
Louis de Beaujeu. — Mars 1289 (13).*

« Ego Alyenor de Sabaudia, domina Bellijoci,
« presens testamentum meum sigillavi et signavi
« (Pl. vi, n° 12), et in eo subscribi feci per manum
« fratris Arnulphi. »

(12) La souscription de Jordane de Jamage est en partie détruite
sur l'original. On n'y voit pas son seing. (*V.* Pl. vi, n°s 8, 9 et 10,
ceux des trois derniers témoins.)

(13) Arch. de l'Empire, P. 1366, c. 1384.

« Ego Andreas Platordi, vocatus a testatrici inter-
« fui, sigillavi et signavi propria manu (Pl. vi, n° 13),
« et subscribi feci per manum fratris Arnulphi. »

« Ego Stephanus Bardini vocatus a testatrice inter-
« fui et sigillavi et signavi propria manu (Pl. vi,
« n° 14), et subscribi feci per manum fratris Ar-
« nulphi. »

« Ego Ducio vocatus a testatrice interfui, sigillavi,
« subscribi feci per manum fratris Arnulphi, et
« signavi propria manu. » (Pl. vi, n° 15.)

« Ego Petrus Aymerici, presbiteri, rogatus et
« vocatus a testatrice interfui, sigillavi, signavi
« (Pl. vi, n° 16) et propria manu subscribsi. »

« Ego Bartholomeus de Byoleis, capellanus eccle-
« sie Ville Franche, testis rogatus et vocatus a testa-
« trice, sigillavi, signavi (Pl. vi, n° 20) et propria
« manu subscripsi. »

« Ego Andreas de Byoleis vocatus et rogatus a
« testatrice interfui, sigillavi et signavi propria
« manu (Pl. vi, n° 17), et subscribi feci per manum
« fratris Arnulphi. »

« Ego Guydo, dominus Sancti Triverii, vocatus
« et rogatus a testatrice, interfui, sigillavi et signavi
« propria manu (Pl. vi, n° 18), et subscribi feci per
« manum fratris Arnulphi. »

« Ego magister Lambertus, clericus, vocatus et
« rogatus a testatrice, interfui, sigillavi, signavi et
« subscripsi propria manu. » (Pl. vi, n° 19.)

Partie de ces dernières souscriptions, comme
l'expriment les formules, ont été écrites de la propre
main des témoins, et partie de la main du scribe. Si
on examine ces souscriptions au point de vue de la
qualité des souscripteurs, on remarque que celles
qui sont autographes appartiennent à des personnes
dont les fonctions (*clericus, canonicus, presbiter,
capellanus*) comportaient nécessairement des connaissances littéraires quelque peu étendues, tandis
que les autres appartiennent à des personnes faisant
purement profession de noblesse. Serait-il possible
de soutenir raisonnablement que l'usage, l'étiquette
d'alors voulaient que les nobles de race et d'épée
fussent affranchis de l'obligation de souscrire de leur
propre main, et cela contrairement aux prescriptions formelles du droit? Nous ne le pensons pas. De
l'examen de ces souscriptions il résulte donc, déjà,
une forte présomption pour supposer que celles qui
ont été tracées par le scribe l'ont été au nom de
personnes étrangères à l'art d'écrire, et cette présomption se change en certitude lorsqu'on rencontre
des souscriptions, comme le sont les suivantes, rédi-
gées selon le texte et l'esprit de la loi.

*Souscriptions du testament de Jeanne, comtesse de Toulouse.
1270 (14).*

« Ego Johanna, comitissa Tolosæ et Pictaviæ pre-
« dicta, propria manu Alberici, capellani mei, huic
« testamento feci subscribi. »

« Ego Bernardus, abbas Montis Albici, Cister-
« ciensis diocesis, huic interfui testamento et sigil-
« lum meum apposui, et propria manu subscripsi
« una cum aliis testibus. »

Toutes les autres souscriptions appartiennent à
des ecclésiastiques et sont formulées comme la précédente. La dernière, celle de Jean de Nanteuil,
seul témoin laïque, est ainsi conçue :

« Ego Petrus, canonicus de Boschera, de man-
« dato domini Johannis de Nantolio, qui rogatus huic
« interfuit testamento et sigillum suum apposuit,
« huic testamento subscripsi pro eo, CUM IPSE NON
« HABERET NOTITIAM LITTERARUM. »

Souscriptions du testament de Hugues Jorquet. — 1307 (15).

« Et nos dicti testes vocati et rogati fuimus per
« dictum testatorem, et presentes cum dicto notario,

(14) Arch. de l'Empire, *Trésor des Chartes*, J. 406, nᵒ 6.
(15) Bibl. Imp. Doat, nᵒ 42, fᵒ 67 rᵒ.

« una die eodemque contextu, premissis omnibus
« et singulis, dum sic condebantur per dictum testa-
« torem, et CUM SCRIBERE NESCIREMUS, rogavimus
« dictum notarium quatenus predicto testamento
« seu ordinationi subscribere loco nostri. »

*Souscriptions du testament d'Ysabeau de Forez, veuve de
Beraud de Mercœur. — 7 mars 1331 (16).*

« Ego Ysabella de Forisio, testatrix, hoc testa-
« mentum meum disposui et ordinavi fecique sub-
« scribi per manum Girardi de Vanziaco, clerici
« curie Forensis jurati, sigillavi sigillo proprio, ma-
« nuque propria signavi. » (Pl. VII, nᵒ 5.)

« Ego frater Arthaudus de Sancto Romano, pre-
« ceptor Chasaleti, huic presenti testamento presens
« interfui, manu propria subscripsi et signavi (Pl. VII,
« nᵒ 6), sigillo proprio rogatus et sigillavi. »

« Ego Michael Gorsa, legum professor, huic pre-
« senti testamento presens interfui, manu propria
« subscripsi et signavi sigillo proprio rogatus et
« sigillavi. — Sig. M. G. »

« Ego Johannes Maresch, domicellus, testis roga-

(16) Arch. de l'Empire, P. 1401, c. 1140.

« tus a dicta testatrice, huic testamento suo manu
« propria subscripsi, sigillo meo sigillavi et signavi. »
(Pl. VII, n° 7.)

« Ego Petrus de Change, presbiter, huic presenti
« testamento presens interfui, manu propria sub-
« scripsi, signavi (Pl. VII, n° 9), sigilloque meo
« sigillavi, testis vocatus et rogatus a dicta testa-
« trice. »

« Ego Perrinus de Chesa, domicellus, testis pre-
« sens interfui huic presenti testamento, subscribi-
« que feci per manum Girardi de Vanziaco, clerici,
« QUIA SCRIBERE NESCIEBAM, manuque mea propria
« signavi (Pl. VII, n° 8), et proprio sigillo sigillavi
« rogatus a dicta testatrice. »

« Ego Tholomeus de Jas, domicellus, testis voca-
« tus et rogatus a dicta testatrice, huic presenti testa-
« mento presens interfui, subscribi feci per manum
« Girardi de Vanziaco, clerici, QUIA SCRIBERE NESCIE-
« BAM, propriaque manu signavi (Pl. VII, n° 10) et
« sigillavi. »

« Ego Dur. de Viries, testis vocatus et rogatus a
« dicta testatrice, huic presenti testamento subscribi
« feci per manum Gir. de Vanziaco, clerici, QUIA
« SCRIBERE NESCIEBAM, manuque mea propria signavi
« (Pl. VII, n° 11) et sigillavi. »

« Ego Dur. de Chastellutz, domicellus, testis voca-

« tus et rogatus a dicta testatrice huic presenti testa-
« mento presens interfui, subscribique feci per Gir.
« de Vanziaco, clericum, QUIA SCRIBERE NESCIEBAM,
« manuque propria signavi (Pl. vii, n° 12) et sigil-
« lavi. »

« Ego Beraudonus de Bastitin, testis vocatus et
« rogatus a dicta testatrice, huic presenti testamento
« interfui, subscribique feci per manum Gir. de
« Vanziaco, clerici QUIA SCRIBERE NESCIEBAM, manuque
« propria signavi (Pl. vii, n° 13) et sigillavi. »

« Ego Gir. de Vanziaco, clericus curie Forensis
« juratus, testis vocatus et rogatus a dicta testatrice
« subscripsi, signavi et sigillavi. »

« Ita est. Gir. de Vanziaco. »

Souscriptions du testament de Guy, comte de Forez.
16 décembre 1357 (17).

« Ego Guido, comes Forensis, testator, in hac
« mea ultima voluntate seu testamento subscribi feci
« per manum Humberti de Lugduno, clerici mei,
« CUM NESCIREM SCRIBERE, et manu propria in eadem
« signavi (Pl. viii, n° 8) et sigillo meo sigillavi una
« cum testibus subscriptis per me vocatis et rogatis. »

(17) Arch. de l'Empire, P. 1373, c. 3167.

« Et ego Chivardus de Sancto Projecto, miles,
« testis vocatus et rogatus a dicto domino testatore,
« in hac sua ultima voluntate subscribi feci per
« manum Humberti predicti, CUM NESCIREM SCRIBERE,
« et in eodem manu propria signavi (Pl. VIII, n° 11)
« et sigillo meo proprio sigillavi. »

« Ego Johannes de Sancto Albano, canonicus
« Lugdunensis, huic ultime dispositioni manu pro-
« pria subscripsi, signavi (Pl. VIII, n° 12) et proprio
« sigillo sigillavi a dicto domino testatore rogatus. »

« Ego Petrus de Verneto, legum doctor, testis
« vocatus et rogatus per dictum testatorem in hac
« sua ultima voluntate subscripsi manu propria sub-
« scripsi (*sic*) et signavi (Pl. IX, n° 1) et sigillo pro-
« prio sigillavi. »

« Ego Artholdus Pagani de Salvetate, clericus,
« ..... propria manu me subscripsi... et signavi. »
(Pl. IX, n° 2.)

« Ego Johannes Vernini, sacrista Beate Marie
« Montisbrisonis.... subscripsi propria manu mea....
« et signavi. »
                « Sig. J. VERNINI. »

Les autres témoins, savoir : Philippe Aleyson,
clerc, licencié en lois, Jehan de l'Hugoneys, *magister
in facultate medecine*, Robert Virin et Artaud Maï-

gneux ont souscrit de leur main et signé par leur nom en toutes lettres.

Après avoir lu ces dernières séries de souscriptions (18); après avoir constaté *qu'un seul* de tous les gentilshommes appelés comme témoins d'actes aussi solennels que des testaments a été en état de tracer quelques mots de sa main; après avoir constaté que le motif d'empêchement *avoué* pour tous les autres est le même : l'ignorance de l'art d'écrire, on peut donc se croire autorisé à soutenir qu'au xiiie siècle et jusqu'au milieu du xive il n'y eut encore qu'un très-petit nombre de nobles lettrés, et que certains de nos chroniqueurs et des grands fonctionnaires administratifs de l'État ne peuvent être considérés que comme de trop rares exceptions à une règle à peu près générale.

Quelques-uns de ces nobles lettrés devaient leur instruction à leurs propres efforts, à leur désir d'apprendre, de connaître, de savoir; mais la plupart des autres à la volonté paternelle qui les avait destinés dès leur enfance à la cléricature et fait élever dans ce but, afin de laisser intact au premier né, au chef futur de la famille, l'héritage des aïeux et lui

---

(18) Je dois affirmer ici que ces souscriptions, expliquant le motif d'empêchement des souscripteurs, sont les seules que j'ai pu découvrir, malgré les recherches que j'ai faites aux Archives de l'Empire, aux Archives du Rhône et à la Bibliothèque impériale.

permettre ainsi de soutenir dignement l'éclat de leurs armes et l'orgueil de leur nom. Combien parmi ces gentilshommes déshérités échangèrent, à la faveur des circonstances, le froc du moine contre la robe du magistrat ou l'armure du chevalier (19) !

(19) Qu'on me permette de citer à l'appui de ces dernières assertions les faits suivants :

Guichard VIII, sire de Beaujeu, se maria trois fois :

1º Avec Jeanne de Genève (1300), qui ne lui donna qu'une fille : *Marie*;

2º Avec Marie de Châtillon (1308), qui le rendit père d'un fils : *Édouard*, et de deux filles : *Éléonore* et *Marguerite*;

3º Avec Jeanne de Châteauvilain (1320), dont il eut quatre fils : *Guichard, Guillaume, Robert, Louis*, et une fille : *Blanche*.

En 1328, *Marie*, unique héritière de sa mère, fut mariée à Jean l'Archevêque, chevalier, seigneur de Parthenay, et « émancipée afin de pouvoir traiter avec son père et renoncer à toute succession moyennant sa dot. » (Aubret, Mém. Mss., p.   )

En 1329, *Éléonore* fut faite religieuse au monastère de Polleteins, en Bresse. (Guichenon, *Hist. de Dombes*, p. 211. Aubret, fº 725.)

En 1330, *Marguerite*, gratifiée de 2,000 livres par le roi, renonça à tous ses droits successifs moyennant sa dot, et épousa Charles de Montmorency, maréchal de France.

Guichard VIII fit son testament le 10 mai 1331. (Arch. de l'Empire, E. 2789.)

Par ce testament il institua pour son héritier universel et son successeur *Édouard*, son fils aîné, et légua :

A *Marie* xl livres de tournois;

A *Jeanne*... unam vestem munitam sufficientem secundum decentiam personnæ et status religionis suæ, quam solvi volo per hæredem meum universalem... annis singulis, in festo beati Michaelis;

A *Marguerite*, l livres de tournois;

A *Guichard*, plusieurs terres;

A *Guillaume, quem*, dit-il, *clericum esse volo et liberalibus studiis erudiri*... la jouissance viagère de la terre d'Amplepuis;

Le savant Mabillon, du reste, assure que certains nobles tenaient l'écriture à mépris, et cela à une époque encore peu éloignée du temps où il vivait : *Fuit olim tempus*, dit-il, *nec fortasse multum abest a nostro, cum quidam nobiles et ingenui homines scribendi peritiam contemtui haberent* (20). Un grave historien, Alain Chartier, secrétaire des rois Charles VI et Charles VII, nous apprend que, de son temps, la noblesse aurait cru déroger en cultivant les lettres : « Ce fol langage, écrit-il, court entre les curiaux que noble homme ne doit point scavoir les lettres, et on tient à reproche de gen-

A *Robert,*... quem clericum esse volo et liberalibus studiis erudiri, la jouissance viagère de celle d'Arcinges ;

A *Louis,*... quem clericum esse volo et liberalibus studiis erudiri, la jouissance de celle d'Alloignet ;

A *Blanche,* quam volo et precipio fieri monialem... et in religione condecenter et congruenter collocari, 30 livres de rentes.

Guichard VIII mourut le 18 septembre 1331. Ses trois derniers fils furent élevés comme il l'avait ordonné, mais arrivé à l'âge de majorité, aucun ne voulut embrasser la carrière que lui avait assignée son père.

Guillaume devint chevalier, seigneur d'Amplepuis, de Chavagny, de Lombard et de Chamelet, et fit une branche qui ne s'éteignit qu'en 1542.

Robert devint aussi chevalier, seigneur de Joux-sous-Tarare, Saint-Bonnet, Claveysolles, Coligny. Il se maria, servit Philippe de Valois, en 1355, contre les Flamands et fut tué à la bataille de Brignais, en 1361.

Louis gagna aussi les éperons de chevalier et devint seigneur d'Alloignet. Il assista à la bataille de Brignais, et mourut en Afrique, en 1380, suivant Guichenon. Paradin dit (*Alliances généalogiques,* p. 1035) qu'il était studieux et docte.

(20) *De re diplomatica,* p. 163.

tillesse de bien lire et bien écrire. » Enfin Philippe
de Commines, parlant des grands de la cour, et
blâmant la mauvaise éducation qu'on leur donnait,
dit qu'on ne les nourrissait qu'à faire les sots en
habillements et en paroles, et que *de nulles lettres
ils n'avoient nulle connoissance* (21).

§ III

PRATIQUE DES NOTAIRES

Si la forme des testaments fit conserver l'emploi
du seing manuel dans les pays de droit écrit, la
pratique seule des notaires en perpétua la tradition
dans les pays régis par le droit coutumier. En effet,
tous les actes reçus par eux sont revêtus de leurs
souscriptions et de leurs seings manuels, et ce, très-
souvent nonobstant l'application des sceaux des parties, des témoins, des officialités, des bailliages et
de toute autre juridiction soit ecclésiastique, soit
royale ou seigneuriale.

Leurs sceaux (car chaque notaire avait le sien)
auraient pu à la rigueur remplir le même office que
leurs seings, mais ces sceaux n'avaient qu'un carac-

(21) Liv. Ier, ch. 10.

tère purement privé et ne pouvaient être apposés qu'au bas des écrits d'un intérêt personnel (22) Les seings, au contraire, étant professionnels (23), munis, par conséquent, d'un caractère public, ajoutaient aux actes une garantie de plus, en ce sens qu'ils établissaient d'une manière péremptoire que la rédaction de ces actes était l'œuvre non d'un simple écrivain, mais bien d'un officier public responsable de l'authenticité du fond et des vices de la forme.

(22) On rencontre, mais très-rarement, des documents de cette nature munis à la fois du sceau privé et du seing professionnel. Le suivant. émané de Jaquet de Change, notaire en Forez (1280-1290), peut être cité comme exemple :

Ego Jaquetus de Change, notum facio universis quod ego feci et recognovi feodum et homagium ligium domino meo Johanni, comiti Forensi, de reditibus quos habeo in villa Sancti Mauricii ratione dotis uxoris mee, quas quidem res tenere solebantur antecessores nostri sub eadem forma a Guillelmo de Sancto Abundo, ratione uxoris sue ; promitens bona fide contra predicta vel aliquod predictorum de cetero non venire, nec consentire volenti in aliquo contra ire. In cujus rei testimonium presentibus literis *sigillum meum proprium* apposui. Datum anno Domini M° cc° nonagesimo, mense octobris. *Signum meum mei jurati curie Forensis una cum sigillo meo proprio.*

(Locus signi, pl. x, n° 4.)

                           (Locus sigilli.)

(Arch. de l'Empire, P. 494. c. LXIII.)

(23) Signum meum solitum, signum consuetum. signum meum regium, signum meum publicum solitum, signum méum quo utor auctoritate imperiali, signum quo utor ut tabellio, etc.

CHAPITRE VI

NATURE DES SEINGS EMPLOYÉS DEPUIS LE XIIIe SIÈCLE

Au XIIIe siècle, les seings manuels étaient généralement d'une grande simplicité et d'une exécution
facile (*V*. Pl. IX, n° 5; Pl. X, n° 4; Pl. XII, n° 2;
Pl. XVII, n°s 7 à 11; Pl. XVIII, n°s 1 à 7); mais à
compter du XIVe ils deviennent beaucoup plus com-
pliqués; certains même demandaient, pour être
exécutés, une grande habileté de plume (1), tels
sont ceux de :

Thomas Edynghem (Pl. XIII, n° 1);

Denis des Colatières (Pl. XI, n° 1);

André Donlho (Pl. XV, n° 1);

Adam Waguet (Pl. XVIII, n° 8);

Étienne de Chambron (Pl. XXI, n° 2);

André de Montfroid (Pl. XXI, n° 3);

---

(1) Quelques auteurs ont avancé que ces seings résultaient d'une
griffe. Il en est de cette assertion comme de tant d'autres, trop
légèrement admises et répétées que les nobles scellaient du
pommeau de leur épée; que les bâtards barraient leur signature, etc., etc.

Guillaume Morin (Pl. xxii, n° 1);

Isnard de Corris (Pl. xxii, n° 2);

Guillaume Parquer (Pl. xxiv).

Qu'il me soit permis, afin de faire connaître les principales variétés des seings employés pendant cette période du moyen âge, de grouper ces seings d'après les motifs de leur dessin et de les envisager à ce point de vue.

§ Ier

SEINGS MUETS

Ces seings ne frappent que les yeux et ne disent absolument rien à l'esprit. Leur motif n'évoque aucun souvenir et ne révèle aucune intention. Ces seings, en un mot, ne sont que des fantaisies de plume. Tels sont ceux de :

L'abbé A. de Montaigu (Pl. vi, n° 6);

André Platord (Pl. vi, n° 13);

André de Bioleys (Pl. vi, n° 17);

Jean de Dio, médecin (Pl. vi, n° 22);

Tholomé de Jas, damoiseau (Pl. vii, n° 10);

Durand de l'Estrée (Pl. xvii, n° 1);

Jean Balduin (Pl. xvii, n° 7);

Guillaume de Brive (Pl. xvii, n° 8);

Bermond (Pl. xvii, n° 9);

Pierre d'Eschalon, clerc (Pl. xvii, n° 10);

Barthélemy Fleur, clerc (Pl. xvii, n° 11);

Adam Waguet (Pl. xviii, n° 8);

Dominique Delchambronet (Pl. xix, n° 1);

Laurent Carentelle (Pl. xix, n° 2), etc., etc.

§ II

SEINGS PAR LA CROIX SIMPLE OU ORNÉE

Ces seings rappellent la pratique usitée du vi^e au xiie siècle, et témoignent de la persistance des antiques traditions. Voyez les seings de :

Jean de Samonlec (Pl. vi, n° 2);

Anmar, clerc (Pl. vi, n° 1);

Chasto de Tournon, chanoine (Pl. vi, n° 5);

Pierre, fils aîné de Jacques, roi d'Aragon (Pl. vi, n° 11);

Éléonore de Savoie, dame de Beaujeu (Pl. vi, n° 12);

Renaud de Forez, archevêque de Lyon (Pl. vii, n° 1) ;

Armand, abbé de la Chaise-Dieu (Pl. vii, n° 2) ;

Zacharie, abbé de la Bénissons-Dieu (Pl. vii, n° 3) ;

Gui, comte de Forez (Pl. viii, n° 8) ;

Jean de Galion, notaire (Pl. xi, n° 2) ;

Barthélemy Bonjour, notaire (Pl. xiv, n° 4) ;

Jacques d'Orsayroles, notaire (Pl. xvi, n° 2) ;

Guillaume Torencha, notaire (Pl. xvi, n° 4) ;

Aymon de Tornasol, de Montluel (Pl. xviii, n° 7) ;

Guillaume Ponce (Pl. xxiii, n° 4) ;

Jean Roger (Pl. xxv, n° 1), etc., etc.

<h2 style="text-align:center">§ III</h2>

SEINGS SINGULIERS

Les motifs de ces seings sont ordinairement empruntés aux productions de la nature ou de l'industrie, tels sont ceux de :

Pierre de Change, prêtre ; — tête humaine de profil (Pl. vii, n° 9) ;

Étienne de Taney, chevalier; — heaume ayant de cornes pour cimier (Pl. viii, n° 1);

Édouard Ier, sire de Beaujeu; — heaume ailé (Pl. viii, n° 2);

Jean, bâtard de Beaujeu; — heaume surmonté d'une tête d'animal (Pl. viii, n° 6);

Hugues de Marzé, chevalier; — tête de dogue (Pl. viii, n° 7);

Artaud Payen; — avant-bras avec la main et un doigt tendu (Pl. ix, n° 2);

Guillaume de Bussuil, notaire; — massacre de cerf (Pl. x, n° 1);

Jacques-Albert Montel, notaire; — tête pourvue d'un très-long nez (Pl. x, n° 2);

Théodoric Brakell, notaire; — roue composée de jambes humaines et dont la lune forme le moyeu (Pl. x, n° 3);

Jacquet de Change, notaire; — tête de chat (Pl. x, n° 4);

Philibert Simon, notaire; — château surmonté d'une bannière (Pl. x, n° 5);

Jean de Châteauneuf, notaire; — tête humaine de profil (Pl. x, n° 6);

Guillaume Moderier, notaire; — oiseau dans un cadre (Pl. x, n° 7).

§ IV

SEINGS DES NOTAIRES APOSTOLIQUES

Souvent les notaires apostoliques faisaient entrer comme ornement symbolique dans la composition de leurs seings les clefs de saint Pierre. Voyez les seings de :

André de Montfroid (Pl. xxi, n° 3) ;

Guillaume Morin (Pl. xxii, n° 1) ;

Isnard de Corris (Pl. xxii, n° 2) ;

Pierre Costart (Pl. xxii, n° 3).

On rencontre cependant quelquefois des seings de ces notaires où on ne voit pas cet emblème de la papauté, tels sont les seings de :

Pierre Amour (Pl. xi, n° 3) ;

Jean Altanon (Pl. xii, n° 6) ;

Jean Mayraud (Pl. xiv, n° 3) ;

Pierre Tuepain (Pl. xxv, n° 2).

§ V

SEINGS ARMORIÉS

Ces seings, presque toujours en forme d'écu,

reproduisent, à n'en pas douter, les pièces gravées sur le sceau du signataire, tels sont ceux de :

Artaud de Saint-Romain (Pl. vi, n° 6);

Jean Maresch, damoiseau (Pl. vii, n° 7);

Durand de Chatelus, damoiseau (Pl. vii, u° 12);

Guillaume de Molon, chevalier (Pl. vii, n° 17);

Jean Donati, négociant à Londres [Pl. xxvi, n° 2] (2);

Jacques de Vergy, notaire (Pl. xxv, n° 4).

§ VI

SEINGS PARLANTS

De même que dans le blason on trouve des armes parlantes, de même dans les seings employés au moyen âge on en rencontre dont le motif fait allusion au nom du signataire; ainsi :

Un verre à boire forme le seing de Hugues Verrier, clerc du Forez en 1277 (Pl. ix, n° 5);

(2) Ce seing est précédé de la souscription suivante : Jo Giovanni Donati voglio et guarento che questo instrumento scia in sua forza et vertu in fine ad xx apreso la San Giovanni 1369, et non piu. Escritto questo di mia mano et segnato di mio marcho, mache aquesto giorno paghi cinque milia et dugento scudi d'Anghitera, diche li due scudi vagliono uno nobile d'oro. Fatta ad 19 genaio 1368. (Arch. de l'Empire, P. 1358, c. 498.)

Un orme celui de Pierre de l'Orme, notaire en 1313 (Pl. ix, n° 3);

Un poulet celui de Jean Poulet, de Montbrison, notaire en 1326 (Pl. ix, n° 6);

Une tête celui de N. Tête, notaire impérial en 1371 (Pl. ix, n° 4).

§ VII

SEINGS EN MONOGRAMMES

Les monogrammes des souverains français ne se voient plus dans les diplômes après le règne de Philippe le Bel (3). On sait que ces seings n'étaient pas tracés par la main royale. Au xiv° siècle, quelques notaires usèrent aussi d'un seing en forme de monogramme, tels qu'André Julien (Pl. xx, n° 2) et Jean Ruf de la Croix (Pl. xx, n° 3).

§ VIII

SEINGS FORMÉS PAR LES CARACTÈRES DE L'ÉCRITURE

De même que les caractères de l'écriture avaient été admis à l'époque gallo-romaine pour former les

(3) *V.* pl. xli le monogramme de ce roi (reproduit d'après le reg. K. 36, n° 4 du *Trésor des Chartes*), et dans les planches précédentes ceux de ses prédécesseurs.

motifs des *signa* gravés sur les anneaux à signer, de même aussi ces caractères furent admis, dès le commencement du xiiie siècle, pour former ceux des seings manuels. Ces mots : *Deo gratias amen* (Pl. v, no 8) constituaient le seing d'Étienne de Laye, chevalier; et ceux-ci : *Salve mater Domini* accompagnaient celui de Simon Aulet, clerc du diocèse de Clermont. Ordinairement, lorsque ces caractères étaient employés, soit seuls, soit comme ornements accessoires des seings, ils tendaient à faire connaître le signataire.

Les seings par l'initiale seule du prénom sont les plus anciens et les plus communément employés. Guillaume, abbé de Savigny (1228), signait par un V suivi d'une croix cantonnée de quatre points (Pl. vii, no 8);

Jean, abbé d'Ainay (1224), par un J (4);

Pierre Douer, notaire à Feurs (1294), par un P (Pl. xii, no 2);

Perrin de la Chaise, damoiseau (1331), par un P (Pl. vii, no 8);

Durand de Viries, damoiseau (1331), par un D (Pl. vii, no 11),

Hugues de Vandeins, clerc (1346), par un H (Pl. vii, no 14).

(4) Arch. de l'Empire, P. 1400, c. 1014.

Souvent cette lettre initiale est accompagnée d'ornements comme dans les seings de :

Guillaume Cellerier, de Villars, notaire [1297] (Pl. xviii, n° 5);

Jean de Gallion, notaire [1330] (Pl. xi, n° 2);

Guillaume de Bussuil [1332] (Pl. x, n° 1);

Mathieu de Saint-Romain (Pl. xii, n° 1).

Les seings par les lettres initiales du prénom et du nom, soit employées seules, soit avec des ornements, peuvent être classés, à raison de leur ancienneté et de leur fréquence, après les seings par l'initiale du prénom seul; tels sont les seings de :

1289. Pierre Aymeri, prêtre (Pl. vi, n° 16);

1293. Mathieu Cordier, notaire (Pl. xviii, n° 3);

1311. Pierre Ysarne (Pl. xxiii, n° 7);

1314. Pierre Amour (Pl. xi, n° 3);

1357. Pierre de Vernet, docteur en lois (Pl. ix, n° 1).

Les seings par le prénom écrit en toutes lettres ou en abrégé ne commencent à apparaître que vers la fin du xiiie siècle, et restent assez rares jusqu'au milieu du xive. Voir ceux de :

1289. Lambert, clerc (Pl. vi, n° 19);

1289. Barthélemy de Bioley, chapelain de Villefranche (Pl. vi, n° 20);

1317. Jean Mayraud, clerc du diocèse de Besançon (Pl. xiv, n° 3);

1346. Jean de Thelis, chevalier (Pl. viii, n° 4);

1348. Adam Anglois, notaire du diocèse de Reims (Pl. xiii, n° 2).

Les noms n'apparaissent dans les seings que vers le commencement du xiv⁰ siècle. Tantôt toutes les lettres qui servent à les former sont disposées comme ornements d'un motif, comme dans les seings de :

1330. Jean Salvestre (Pl. xiv, n° 1);

Antoine Bequet (Pl. xiv, n° 2);
Simon Aulet (Pl. xiii, n° 3).

Tantôt ils accompagnent ce motif où le complètent. Voir les seings de :

Barthélemy Bonjour (Pl. xiv, n° 4);

Pierre Jardin (Pl. xv, n° 2);

Jean Altanon (Pl. xv, n° 3);

Jean Palmier (Pl. xii, n° 5).

Mais il est très-rare de rencontrer avant le milieu de ce siècle des seings du nom écrits en caractères cursifs, c'est-à-dire des signatures telles que nous les entendons aujourd'hui.

CHAPITRE VII

La tendance du nom à pénétrer dans le seing manuel et même à se substituer à tout motif de pure fantaisie est de plus en plus marquée jusqu'au milieu du xive siècle. Dès qu'on a franchi quelques années de la seconde moitié de ce siècle, les signatures proprement dites deviennent communes, non-seulement dans les pays de droit écrit, mais encore dans les pays régis par le droit coutumier, où elles semblaient n'avoir pas de raison d'être.

Quelle est la cause de cette mode qui paraît subitement introduite et qui fut si promptement adoptée ?

Vers le milieu du xiiie siècle, quelques notaires, à raison de la multiplicité des actes qu'ils avaient à rédiger, à souscrire et à signer, adoptèrent un deuxième seing professionnel d'une grande simplicité, et partant d'une exécution beaucoup plus rapide que le seing ordinaire. Ce deuxième seing,

formé de toutes ou seulement de partie des lettres (1)
de leur nom tracées en caractères cursifs et accom-
pagnées de quelques traits de plume, c'est-à-dire
d'un paraphe, quoique muni d'une autorité aussi
grande que le seing ordinaire, n'était ordinairement
apposé qu'au bas des actes de médiocre importance.
Il servait surtout à approuver les errata et les ren-
vois. De proche en proche, cet usage du second
seing s'étendit à tous les notaires. Au xive siècle son
emploi devint universel. Le seing ordinaire prit alors
le nom de *grand seing* (2), et le nouveau celui de
petit seing (3) ou *seing du nom* (4).

Le seing du nom fut introduit dans la chancellerie
royale sous le règne de Philippe le Bel (vers 1296).
Il apparaît dans les diplômes de Philippe le Long,
accompagné du sceau royal et précédé ordinairement

---

(1) *V.* pl. xxvii, n° 2, le petit seing d'Aymon de Tornafol, de
Montluel, notaire royal en 1297, et n° 1 son grand seing.

(2) Ego Petrus de Gurgite de Castellione in Dombis... signo
meo magno sequenti signavi. (Arch. de l'Empire, P. 1389, c. 174.)

(3) Ces présentes lettres ont esté scellées à Trevox du seel de
mondit sieur de Villars, lui présent, et de son commandement de
mon petit seing publique... par moy.
Sig. : *G. Raiace.* (*V.* pl. xxvii, n° 3, le petit seing de ce notaire,
et n° 4, son grand seing.)
(Arch. de l'Empire, P. 1391, c. 526.)

(4) Ego... Johannes Testuti, clericus, notarius publicus et curie
secularis Lugdunensis scriba .. manu propria me hic subscri-
bens... expedivi sub hoc signo meo nominis mei.
Sig. : *Testuti.* (Ibid., P. 1359, c. 738.)

de ces formules : *Per dominum regem, de mandato concilio,* etc. Il était quelquefois employé seul pour signer les simples notifications (5).

Jean II, le premier de nos rois, à l'imitation de ce qui se faisait dans sa chancellerie, signa de son nom ses lettres missives (6). Charles V, son successeur, suivit son exemple et appliqua même sa signature à quelques actes royaux. La signature devint alors de mode. Les courtisans, les fonctionnaires, les gentilshommes lettrés ou illettrés (7), et même les bourgeois, s'empressèrent de signer comme signaient les rois.

Les gentilshommes, comme les rois, ne signaient

(5) Carissime amice, sciatis quod magister Johannes de Hubanco fuit receptus reportator inquestarum loco magistri P. de Agia, in crastino hyem alis festi beati Nicolay novissime preteriti, anno Domini Mº CCCº vice simo primo.

Sig. : *Ex parte vestri Godefredi* (avec paraphe).

Magister J. Mignon, amice karissime, ponatis in registris vestris M. P. Tornatoris, nepotem M. J. de Aymone, cum reportatoribus inquestarum, quia ipse fecit juramentum suum prout vobis dixi.

Sig. : *Godef.* (avec paraphe).

(Arch. de l'Empire, *Trésor des Chartes*, K. 40.)

(6) *V.* sa signature, pl. XLII, nº 1. Cette signature se voit au bas d'une lettre écrite de la prison de Londres, vers 1357, et conservée à la Bibliothèque impériale, coll. Grenier, vol. 238.

(7) Beaucoup de signatures, en effet, sont plutôt dessinées qu'écrites. De nos jours encore on trouve un bon nombre d'anciens commerçants qui ne savent ni lire ni écrire et signent néanmoins parfaitement leur nom.

généralement que de leur prénom. Voyez les signatures de :

Beraud, comte de Clermont et dauphin d'Auvergne (Pl. xxviii, n° 6);

Louis, duc de Bourbon (Pl. xxviii, n° 5);

Du Guesclin (Pl. xxviii, n° 1);

Poton de Xaintrailles (Pl. xxviii, n° 2);

Pierre, duc de Bourbon (Pl. xxviii, n° 3);

Jean, comte d'Alençon (Pl. xxix, n° 5);

Arthur de Bretagne (Pl. xxix, n° 6);

Charles le Mauvais, roi de Navarre, imitait à peu près la signature et le paraphe de Charles V (Pl. xxix, n° 7).

Quelques gentilshommes cependant, ainsi que quelques prélats, formaient leur signature à la fois de leur nom et de leurs qualités :

Loys, conte de Valantinois (8);

Jehane de Bourbon, contesse de Fores (9);

Henricus de Turre eps Clar (10).

Un petit nombre d'autres seigneurs du nom de leurs terres, tels que :

(8) Arch. de l'Empire, J. 288, n° 3.
(9) *Ibid.*, P. 1394, c. 70.
(10) *Ibid.*, P. 1358, c. 588.

Édouard II, sire de Beaujeu (Pl. xxix, n° 1);

Humbert VII, sire de Thoire-Villars (Pl. xxix, n° 2).

Les bourgeois et les fonctionnaires signaient de leur nom de famille, précédé quelquefois de leur prénom.

Aux xive et xve siècles, les signatures sont le plus souvent annoncées par les mots : *signer, seing* et *seing manuel* (11), et très-rarement par ceux de *souscrire* et *souscription* (12). Ce ne fut que dans le siècle suivant que les termes *signer* et *souscrire* devinrent définitivement synonymes.

Au xvie siècle, l'usage du sceau pendant fut à peu

---

(11) ... Et en major fermetat de las chausas de sus ditas, aquestas presens de nostra propra ma... nos avem senhadas. (Arch. de l'Empire, P. 1399, c. 776.)

Je Loys, s[r] de Montlaur et de Sabran... en tesmoing de ce et de plus grand fermeté j'ai mis mon seing à ces présentes. (*Ibid.,* P. 1358, c. 512.)

Je Loys, seigneur d'Apchon... en temoingz de ce et de plus grant fermetté j'ai mis mon scel à ces présentes et signées de mon seing manuel. (*Ibid.,* P. 1358. c. 51.)

En tesmoin de laquelle chose, je Loys, filz de roy de France, duc d'Orléans... y ay mis et escript de ma propre main mon nom et seing manuel, et faict mettre le scel de mes armes et les seings manuelz de Mes Mace, Heron et Aubert de Crecy, mes secrétaires. (Bibl. Imp. De Mesme, 9438.)

(12) En tesmoin daquestas chauses nos seu eysi subscrit de nostra propria main et avem fact eysi metre nostre scel. (*Ibid.,* J. 288, n° 3.)

près abandonné, et presque tous les actes ne furent plus authentiqués que par les signatures des notaires, des parties et des témoins. Henri II, en 1554, les états d'Orléans, en 1560, et un arrêt du parlement, en 1579, rendirent les signatures obligatoires pour toutes les personnes lettrées. Quant aux personnes illettrées, l'usage persista toujours de tracer une croix approbative en présence de témoins, ou tout autre signe adopté comme seing. Dans certaines provinces, les seings adoptés par les artisans illettrés rappelaient ordinairement leur profession. Ainsi :

Claude Bayeu, serrurier à Laon, en 1518, dessinait une clef (Pl. xxx, n° 2);

Thomas Giscart, aussi serrurier dans la même ville, en 1581, une serrure (Pl. xxx, n° 3);

Nicaise Vivier, charpentier, une hache (Pl. xxx, n° 4);

Jacques Deschamps, chaufournier à Athies, en 1536, une truelle (Pl. xxx, n° 5);

Nicolas Faucheux, tisserand à Laon, en 1622, une navette (Pl. xxx, n° 6);

Simon Lamour, tailleur d'habits, en 1623, des ciseaux (Pl. xxx, n° 7);

Jean Vallier, maçon, un marteau (Pl. xxx, n° 8);

Estienne Billot, maréchal à Veslud, un fer à cheval (Pl. xxx, n° 9);

Le Fay, laboureur à Sissonne, une herse (Pl. xxx, n° 10);

Jean Duval, maître boucher, un large couteau (Pl. xxx, n° 11);

Jehan, chevaucheur du sieur de la Rochepot, gouverneur de l'Ile-de-France, en 1538, une trompette (Pl. xxx, n° 12);

Sébastien de la Mare, ménestrier à Montceau-les-Loups, en 1622, un violon (Pl. xxx, n° 13);

Christophe Lambin, tambourineur à Laon, en 1580, un chapeau (Pl. xxx, n° 14);

Michel Lefébure, guetteur à Laon, en 1537, une tête [Pl. xxx, n° 17] (13).

Jusqu'à la fin du xviie siècle, on trouve dans les contrats reçus par les notaires des seings de cette nature. Mais, à partir du xviiie, les signatures par le nom, avec ou sans paraphe, furent seules admises comme légalement valables.

---

(13) La description de ces seings ainsi que les fac-simile de la pl. xxx qui s'y rapportent ont été empruntés à un excellent article de M. Ed. Fleury, inséré dans *les Bulletins de la Société académique de Laon*, t. V, p. 60-72, sous le titre : *les Signatures d'artisans de la ville de Laon aux* xvie *et* xviie *siècles*.

TABLE DES PLANCHES

—

PLANCHE PREMIÈRE

1. Empreinte de l'anneau à signer de Charlemagne.
2.   —   —   — de Louis le Débonnaire.

PLANCHE II

1. Ruche tracée sur un diplôme de Conrad Ier, de l'an 913.
2. Ruche tracée sur un diplôme d'Otton II, de l'an 975.
3. Ruche tracée sur un diplôme de 941 par le chancelier Brun.

PLANCHE III

1. Souscription et monogramme de Clovis II.
2. Monogramme du *bene valete*, d'après une bulle du pape Pascal II, de l'an 1114.
3. Croix précédant la souscription de saint Éloi, écrite sur un diplôme de l'an 653.

PLANCHE IV

1. Monogramme de Charlemagne (776).
2.   —   de Conrad, roi de Germanie (915).
3.   —   de Louis d'Outremer (vers 950).
4.   —   de Louis le Débonnaire (824).
5.   —   —   —   (824).
6.   —   d'Otton II le Roux (975).
7. Croix de Louis le Gros (1113).

PLANCHE V

1. Croix de Philippe Ier, roi de France.
2. — de Guillaume le Conquérant.
3. — de Sanche, roi d'Espagne.
4. — du comte Bernard.
5. —
6. —
7. —   Cardinaux souscripteurs d'une bulle du pape
8. —   Alexandre III, de l'an 1177.
9. —
10. —
11. — de Almode, comtesse de Toulouse, 1066.
12. Seing du notaire Bodon, en 1176.
13. — du scribe Ermengard (1131).
14. — de Garsia, scribe de Sanche d'Espagne (1024).
15. — de Pierre Siquin, scribe de Gérard, comte de
      Roussillon (1107).

PLANCHE VI

1. Seing de Anmar, clerc,
2.   —   de Jean de Samonlec, clerc,   témoins
3.   —   de N..., clerc,   souscripteurs
4.   —   de J. de Concis, clerc,   du testament de
5.   —   de Chasto de Tournon, chan.,   Jordane de Jamage,
6.   —   de A. de Montaigu, abbé,   femme de
7.   —   de Guillaume de la Tour,   Gui de la Roche.
8.   —   de N...,   (*V.* ci-dessus,
9.   —   de N...,   p. 49, 50.)
10. —   de N...,
11. —   de Pierre, fils aîné de Jacques, roi d'Aragon (1275).
12. —   de Éléonore de Savoie, dame de Beaujeu.
13. —   de André Platard,   témoins
14. —   de Étienne Bardin,   souscripteurs
15. —   de Ducio,   du testament
16. —   de Pierre Aymeric, prêtre,   d'Éléonore
17. —   de André de Bioleys, prêtre,   de Savoie,
18. —   de Guy de Saint-Trivier,   dame de Beaujeu.
19. —   de Lambert, clerc,   (1289).
20. —   de Barthélemy de Bioleys,   (*V.* ci-dessus,
21. —   de Humbert de Francheleins,   p. 50, 51, 52.)
                                          témoins souscrip-
22. —   de Jean, chapelain de Gui-   teurs du testament
         chard de Beaujeu,   de Guichard
23. —   de Jean de Die, médecin,   de Beaujeu (1331),
24. —   de Regnauld de la Marche,   (*V.* ci-dessus,
                                              p. 44, 45.)

PLANCHE VII

1. Seing de Renaud de Forez, archevêque de Lyon (1224).
2.   —   de Armand, abbé de la Chaise-Dieu (1224).

3. Seing de Zacharie, abbé de la Bénissons-Dieu (1224).
4. — de Guillaume, abbé de Savigny (1224).
5. — de Isabelle de Forez (1334).
6. — de Artaud de Saint-Romain.
7. — de Jean Maresch, damoiseau.
8. — de Perrin de la Chaise, da-
      moiseau.
9. — de Pierre de Change, prêtre.
10. — de Tholomé de Jas, da-
      moiseau.
11. — de Durand de Virieu.
12. — de Durand de Chatelus, da-
      moiseau.
13. — de Beraud de Bastitin.

                 (*V.* ci-dessus, p. 54 et suiv.)

14. — de Hugues de Vandeins, clerc (1346).
15. — de Évrard de Chintré, chevalier (1346).
16. — de Pierre de Villeurbane, damoiseau (1346).
17. — de Guillaume de Molon, chevalier (1346).
18. — de Hugues de Gleteins, damoiseau (1346).
19. — de Pierre de la Cour, clerc (1346).

PLANCHE VIII

1. Seing de Étienne de Taney, chevalier (1346).
2. — de Édouard Ier, sire de Beaujeu (1346).
3. — de Gu.. de.., chevalier (1347).
4. — de Jean de Thélis, chevalier (1347).
5. — de Jean de Joux, licencié en lois (1347).
6. — de Jean, bâtard de Beaujeu, chevalier (1346).
7. — de Hugues de Marzé, chevalier (1346).
8. — de Gui, comte de Forez (1357).
9. — de Étienne de Laye, chevalier (1346).
10. — de Édouard Ier, sire de Beaujeu (1347).
11. — de Chivard de Saint-Priest, chevalier (1357).
12. — de Jean de Saint-Alban, chanoine de Lyon (1357).

PLANCHE IX

1. Seing de Pierre de Vernet, docteur en lois (1357).
2. — de Artaud Payen, clerc (1357).
3. — de Pierre de l'Orme, notaire à Lyon (1313).
4. — de Teste, notaire impérial et royal (1371).
5. — de Hugues Verrier, notaire en Forez (1277).
6. — de Jean Poulet, de Montbrison, notaire (1326).

PLANCHE X

1. Seing de Guillaume de Bussuil, notaire (1332).
2. — de Jacques-Albert Martel, notaire impérial (1312).
3. — de Théodoric Brakell, clerc du diocèse de Cologne (1463).
4. — de Jacquet de Change, notaire en Forez (1280).
5. — de Philibert Simon, notaire (1304).
6. — de Jean Châteauneuf, de Néronde, clerc (1309).
7. — de Guillaume Moderier, notaire.

PLANCHE XI

1. Seing de Denis des Collatières, notaire à Sens (1364).
2. — de Jean de Galion, notaire impérial (1330).
3. — de Pierre Amour, not. du diocèse de Bourges (1314).

PLANCHE XII

1. Seing de Mathieu de Saint-Romain, notaire.
2. — de Pierre Doner, notaire à Feurs (1294).
3. — de Philippe Baron, notaire impérial (1400).
4. — de Vital Rotmhole, notaire (1399).
5. — de Jean Palmier, notaire en Lyonnais.
6. — de Jean Altanon, notaire royal.

PLANCHE XIII

1. Seing de Thomas Edynghem, not. à Cantorbéry (1417).
2. — de Adam Anglois, de Gisors, notaire (1348).
3. — de Simon Aulet, clerc du diocèse de Clermont (1381).

PLANCHE XIV

1. Seing de Jean Salvestre, notaire (1330).
2. — de Antoine Beguet, de Poncins, notaire.
3. — de Jean Mayraud, clerc notaire du diocèse de Besançon (1317).
4. — de Barthélemy Bonjour, not. à Montbrison (1318).

PLANCHE XV

1. Seing de André Donlho, notaire (1404).
2. — de Pierre Gourdin, notaire à Thiers.
3. — de Jean Altanon, dit de Néronde, clerc.

PLANCHE XVI

1. Seing de Blanc Amofot, notaire en Vivarais (1304).
2. — de Jacques d'Orsayroles, notaire (1352).
3. — de Guillaume Torencha, notaire (1305).
4. — de Johannin Mérite, notaire à Montbrison (1310).

PLANCHE XVII

1. Seing de Durand de l'Estrée, notaire à Feurs (1300).
2. — de Pierre de la Font, notaire (1320).

3. Seing de N..., notaire en Forez (1309).
4.   —   de Jean de Villemontey, clerc (1307).
5.   —   de N..., notaire (1308).
6.   —   de N..., notaire (1308).
7.   —   de Jean Balduin, notaire au Puy (1269).
8.   —   de Guillaume de Brive, notaire à l'Argentière (xiiie siècle).
9.   —   de Bermont, notaire à Privas (1267).
10. —   de Pierre d'Eschalon, notaire (1293).
11. —   de Barthélemy Fleur, clerc (1297).

PLANCHE XVIII

1. Seing de Hugues de Pyna, clerc (1285).
2.   —   de Jean Deschiletes, clerc (1284).
3.   —   de Mathieu Cordier, notaire (1293).
4.   —   de Jean Brice de Saint-Médard, clerc.
5.   —   de Guillaume Cellerier, de Villars, notaire (1297).
6.   —   de Arnaud de la Civa, notaire (1286).
7.   —   de Aymon de Tornasol, de Montluel, not. (1291).
8.   —   de Adam Waguet, notaire du diocèse de Soissons (1368).

PLANCHE XIX

1. Seing de Dominique Delchanbronet, notaire (1310).
2.   —   de Laurent Carentelle, notaire à Vinzelle (1429).
3.   —   de Jean de Change, comme notaire de l'official de Lyon (1305).
4.   —   de Jean de Change, comme notaire de l'official de Forez (1306).

PLANCHE XX

1. Seing de l'abbé Rémério.
2. — de André Julien, notaire à Lyon (1397).
3. — de Jean Ruf de la Croix, clerc du diocèse de Lausannes (1333).

PLANCHE XXI

1. Seing de N..., notaire (1336).
2. — de Étienne de Chambron, notaire (1347).
3. — de André de Montfroid, de Romorantin (1351).

PLANCHE XXII

1. Seing de Guillaume Morin, notaire.
2. — de Isnard de Corris, notaire.
3. — de Pierre Costart, notaire apostolique.

PLANCHE XXIII

1. Seing de Barthélemy de Malvesme, notaire (1347).
2. — de N..., notaire (1337).
3. — de Arnaud Maignen, de Chandieu, not. (1346).
4. — de Guillaume Ponce, notaire à Montréal (1308).
5. — de Gérard de Saint-Didier, notaire (1346).
6. — de J. de Tor, notaire (1316).
7. — de Pierre Isarne, notaire royal (1311).

PLANCHE XXIV

Seing de Guillaume Parquer, notaire apostolique (1321).

PLANCHE XXV

1. Seing de Jean Roger, notaire du diocèse de Montauban (1390).
2. — de Pierre Tuepain, notaire apostolique et impérial du diocèse de Sens (1326).
3. — de Hugues de Bussi, clerc (1317).
4. — de Jacques de Vergy, notaire royal (1323)
5. — de Ponce de Cama, not. royal à Nîmes (1316).
6. — de la Roche, notaire (1376).

PLANCHE XXVI

1. Seing de Étienne d'Ignyllen, prêtre (1336).
2. — de Jean Donat, espicier à Londres (1368).
3. — de Guillaume Sagne, notaire.

PLANCHE XXVII

1. Grand seing de Aymon de Tornasol, notaire (1297).
2. Petit seing du même.
3. Grand seing de Guillaume Raiace, not. à Trévoux (1400).
4. Petit seing du même.

PLANCHE XXVIII

1. Signature de du Guesclin.
2. — de Poton de Xaintrailles.
3. — de Pierre, duc de Bourbon.
4. — de Jean, bâtard d'Orléans, comte de Dunois.
5. — de Louis, duc de Bourbon.
6. — de Beraud, comte de Clermont et dauphin d'Auvergne.

PLANCHE XXIX

1 . Signature de Édouard II, sire de Beaujeu.
2. — de Humbert VII, sire de Thoire-Villars.
3. — de Jean, comte d'Alençon et du Perche.
4. — de Jean, duc de Bretagne, comte de Montfort
et de Richemont.
5. — de Philippe de Levis, seigneur de la Roche.
6. — de Arthur de Bretagne, comte de Richemont.
7. — de Charles le Mauvais, roi de Navarre.

PLANCHE XXX

1 . Seing de Pierre Parenton, drapier à Paris (1489).
2. — de Claude Bayeu, serrurier à Laon (1518).
3. — de Thomas Giscart, serrurier à Laon (1581).
4. — de Nicaise Vivier, charpentier à Laon (1622).
5. — de Jacques Deschamps, chaufournier à Athies
(1536).
6. — de Nicolas Faucheux, tisserand.
7. — de Simon Lamour, tailleur d'habits (1623).
8. — de Jean Vallier, maçon.
9. — de Estienne Billot, maréchal à Veslud.
10. — de le Fay, laboureur à Sissonne.
11. — de Jean Duval, maître boucher à Laon.
12. — de Jeban, chevaucheur du sieur de la Rochepot,
gouverneur de l'Ile-de-France (1538).
13. — de Sébastien de la Mare, ménestrier à Montceau-
les-Loups (1622).
14. — de Christophe Lambin, tambourineur à Laon
(1580)
15. — de Nicolas Duprez, maçon à Laon (1633).

16. Seing de Étienne Chatot, serrurier à Saint-Germain en Laye (1596).
17. — de Michel Lefébure, guetteur à Laon (1537).

PLANCHE XXXI

1. Croix de Chilpéric Ier.
2. Monogramme de Clotaire II.
3. — de Clovis II.
4. Croix de Thierry III.
5 et 6. Croix de Pépin le Bref.
7. Monogramme de Charlemagne.
8. — de Louis le Débonnaire.
9. — de Charles le Chauve.

PLANCHE XXXII

1. Monogramme de Louis le Bègue.
2. — de Louis III.
3. — —
4. — de Carloman.
5. — de Charles le Gros.

PLANCHE XXXIII

1. Monogramme de Eudes.
2. — de Charles III le Simple.

PLANCHE XXXIV

1. Monogramme de Robert (1).
2. — de Raoul.
3. — de Louis d'Outremer.

(1) Ce monogramme a été reproduit d'après une monnaie.

4. Monogramme de Lothaire.
5.   —   —

PLANCHE XXXV

1. Monogramme de Louis V le Fainéant.
2.   —   de Hugues Capet.
3.   —   de Robert II.

PLANCHE XXXVI

1. Monogramme de Robert II.
2.   —   —
3. Croix de Henri Ier.

PLANCHE XXXVII

1. Monogramme de Henri Ier.
2.   —   —
3.   —   —
4.   —   de Philippe Ier.
5.   —   —
6. Croix de Philippe Ier.

PLANCHE XXXVIII

1. Monogramme de Louis VI le Gros.
2.   —   —   —
3.   —   de Louis VII le Jeune.
4.   —   —   —
5.   —   de Philippe-Auguste.

PLANCHE XXXIX

Monogramme de Louis VIII.

PLANCHE XL

Monogramme de saint Louis.

PLANCHE XLI

1. Monogramme de Philippe III le Hardi.
2.   —   de Philippe IV le Bel.

PLANCHE XLII

1. Signature de Jean II le Bon.
2.   —   de Charles V.
3.   —   de Charles VI.
4.   —   de Charles VII.
5.   —   de Louis XI.

PLANCHE XLIII

1. Signature de Louis XI.
2.   —   de Charles VIII.
3.   —   de Louis XII.

PLANCHE XLIV

1. Signature de François Ier.
2.   —   de Henri II.

PLANCHE XLV

1. Signature de François II.
2.   —   de Charles IX.

PLANCHE XLVI

1. Signature de Henri III.
2.   —   de Henri IV.
3.   —   de Louis XIII.

PLANCHE XLVII

1. Signature de Louis XIV.
2.   —   de Louis XV.
3.   —   de Louis XVI.
4.   —   de Napoléon Ier.
5.   —   de Louis XVIII.

PLANCHE XLVIII

1. Signature de Charles X.
2.   —   de Louis-Philippe.
3.   —   de Napoléon III.

TABLE DES CHAPITRES

—

CHAPITRE PREMIER

§ Ier. Des anneaux à signer.
§ II. De la souscription romaine.

CHAPITRE II

COUP D'ŒIL SUR L'ÉTAT DE L'INSTRUCTION LITTÉRAIRE EN GAULE DU VIe AU XIIe SIÈCLE

CHAPITRE III

ADOPTION PAR LES CONQUÉRANTS DES TRADITIONS ROMAINES SUR L'AUTHENTICATION DES ACTES

§ Ier. Preuves de cette adoption
§ II. Des anneaux à signer depuis le VIe siècle.
§ III. De la souscription du VIe au XIIe siècle.

CHAPITRE IV

DES SEINGS EMPLOYÉS DU VIe AU XIIe SIÈCLE

§ Ier. Des monogrammes.
§ II. Des seings des chanceliers et des notaires.
§ III. Des croix.
§ IV. De l'authentication des actes du Xe au XIIIe siècle.

CHAPITRE V

CAUSE DE PERSISTANCE DE L'EMPLOI DU SEING MANUEL
DEPUIS LE XIIIe SIÈCLE

§ Ier. Forme des testaments dans les pays de droit écrit.
§ II. De la souscription des testaments aux XIIe et XIVe siècles.
§ III. Pratique des notaires.

CHAPITRE VI

NATURE DES SEINGS EMPLOYÉS DEPUIS LE XIIIe SIÈCLE

§ Ier. Seings muets.
§ II. Seings pour la croix simple ou ornée.
§ III. Seings singuliers.
§ IV. Seings des notaires apostoliques.
§ V. Seings armoriés.
§ VI. Seings parlants.
§ VII. Seings en monogrammes.
§ VIII. Seings formés par les caractères de l'écriture.

CHAPITRE VII

GÉNÉRALISATION DE L'EMPLOI DE LA SIGNATURE PROPREMENT DITE

FIN

Évreux, A. HÉRISSEY, imp. — 1262.

1
2

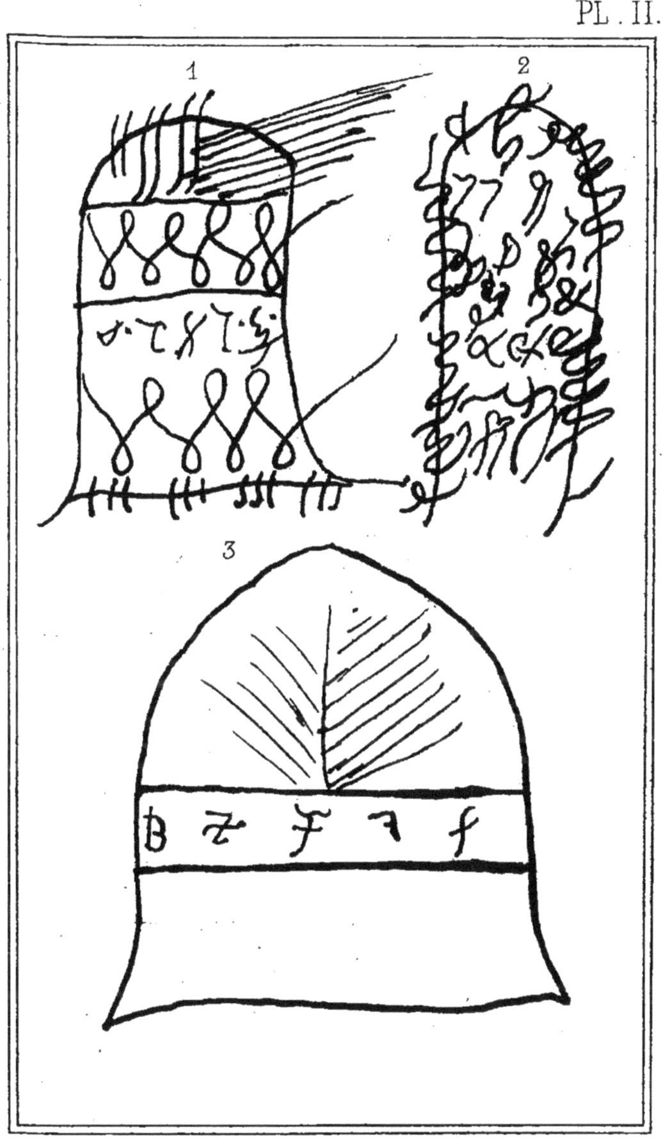

PL. III.

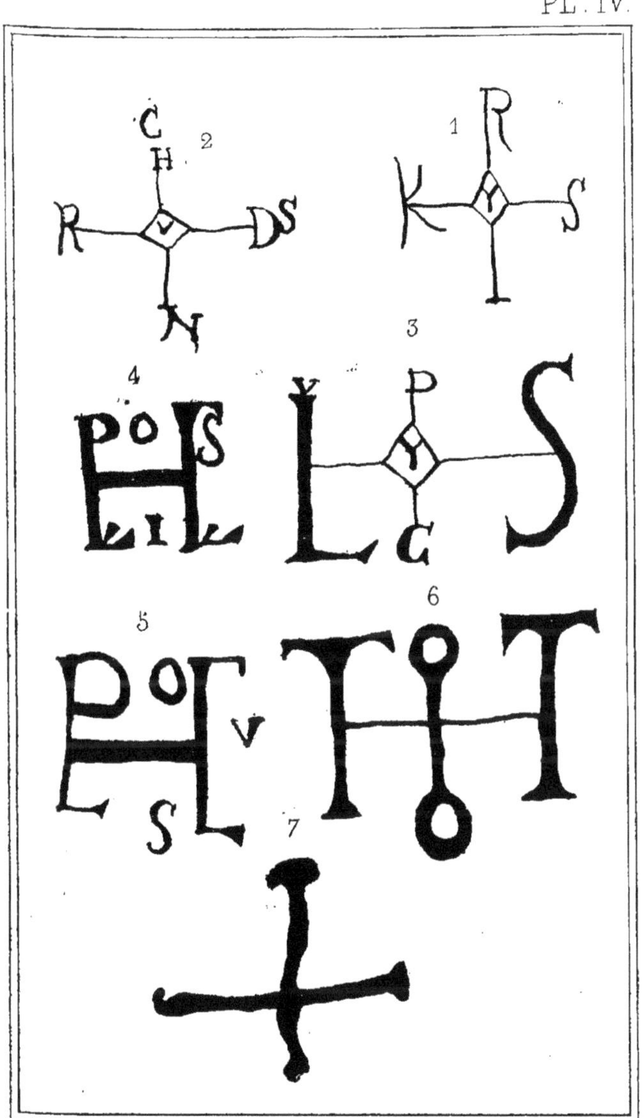

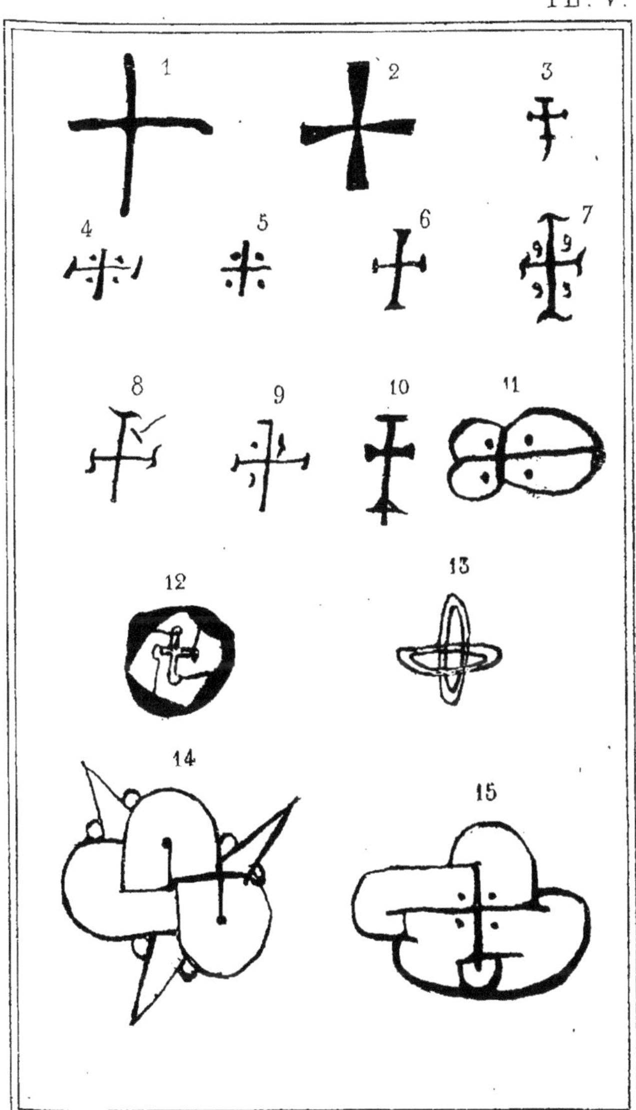

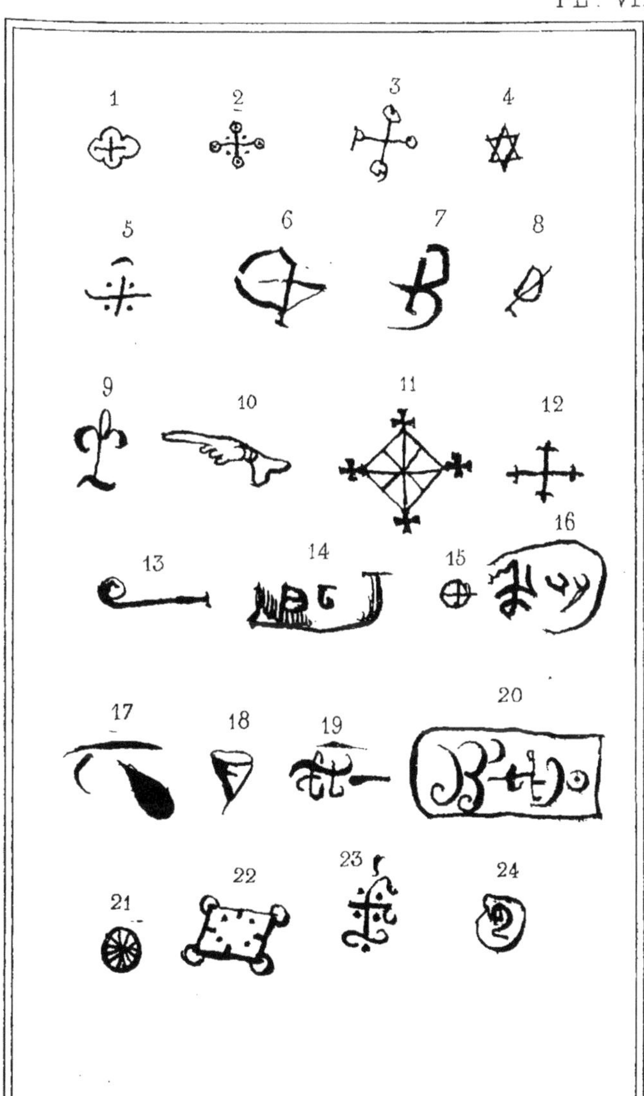

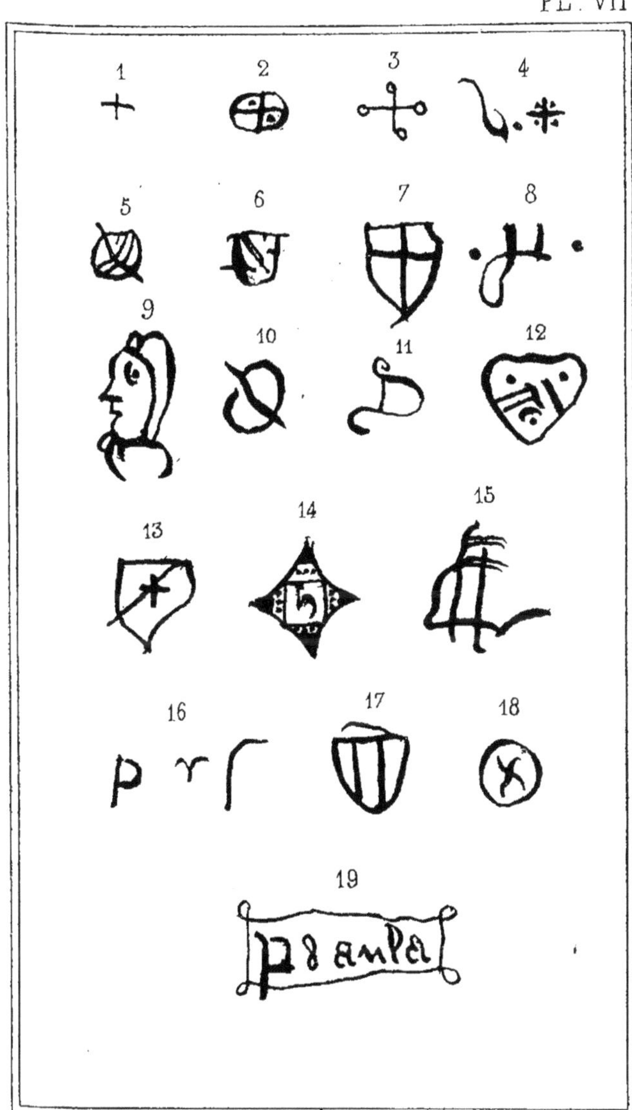

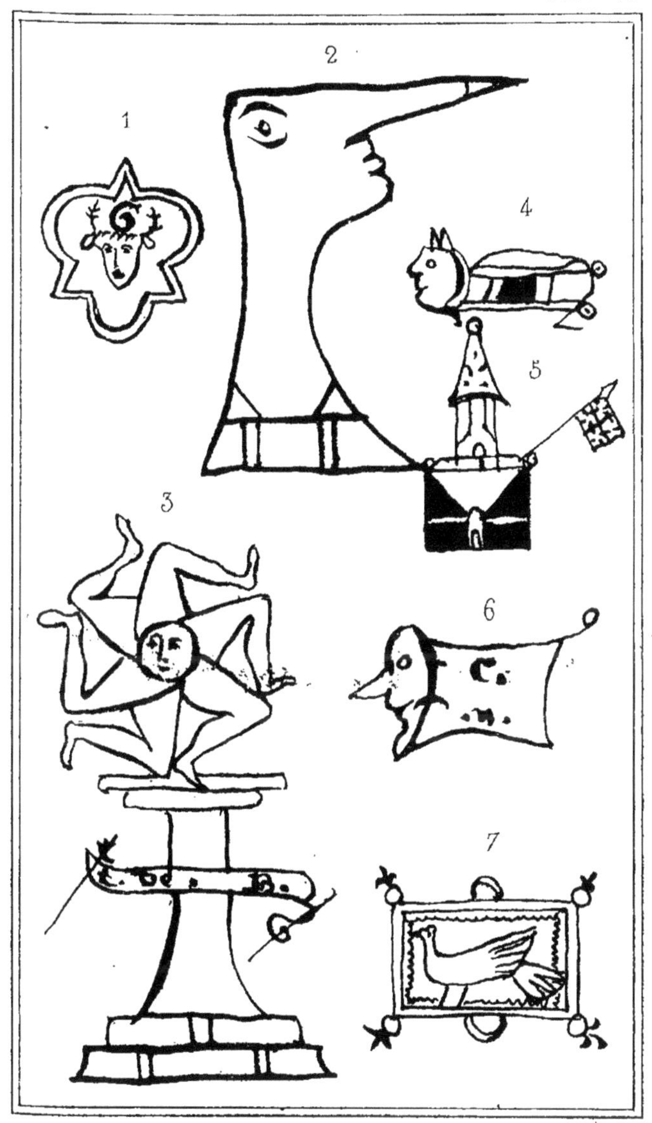

1
2
3
:baronis
4
5
Pal—
mern
6

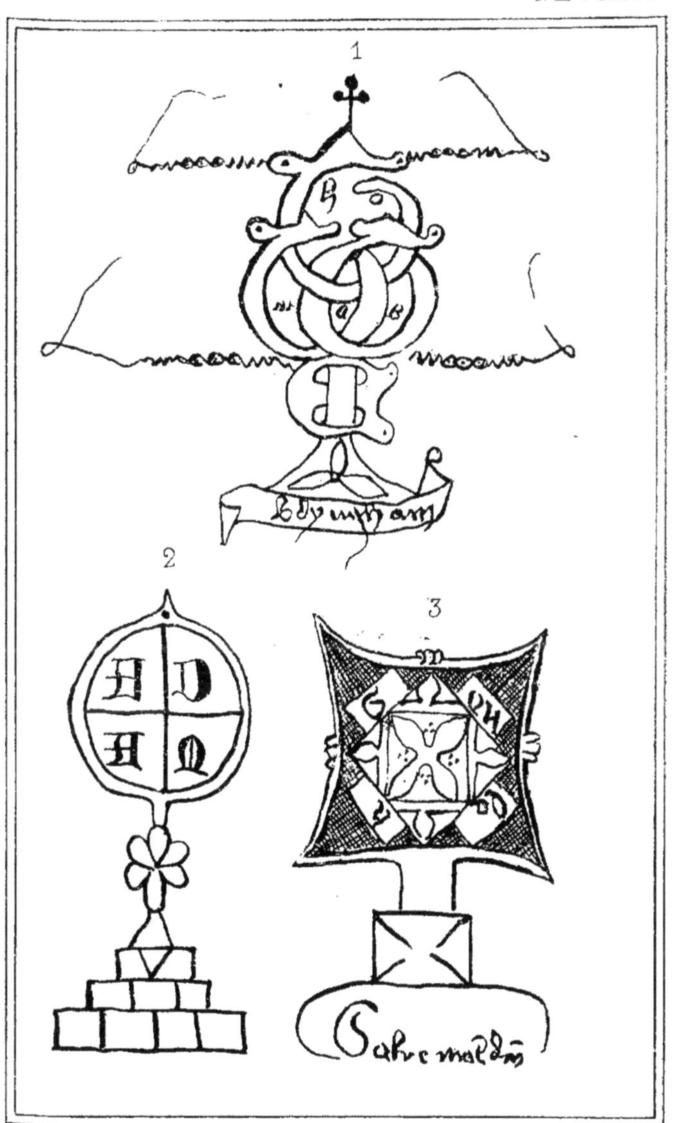

1
2
3

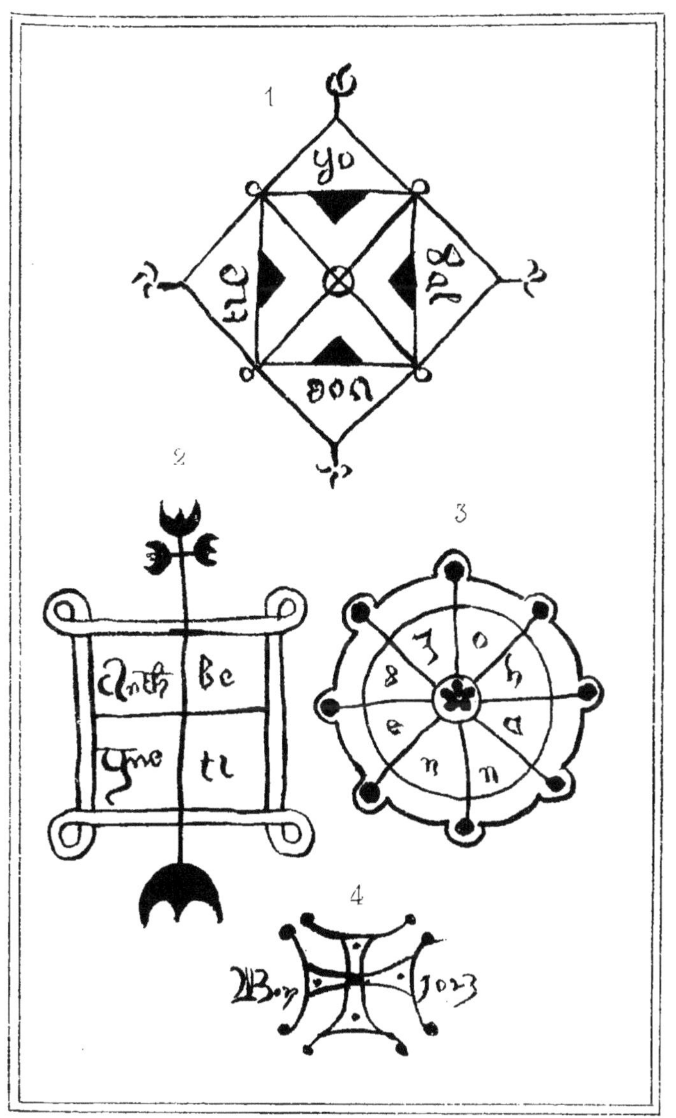

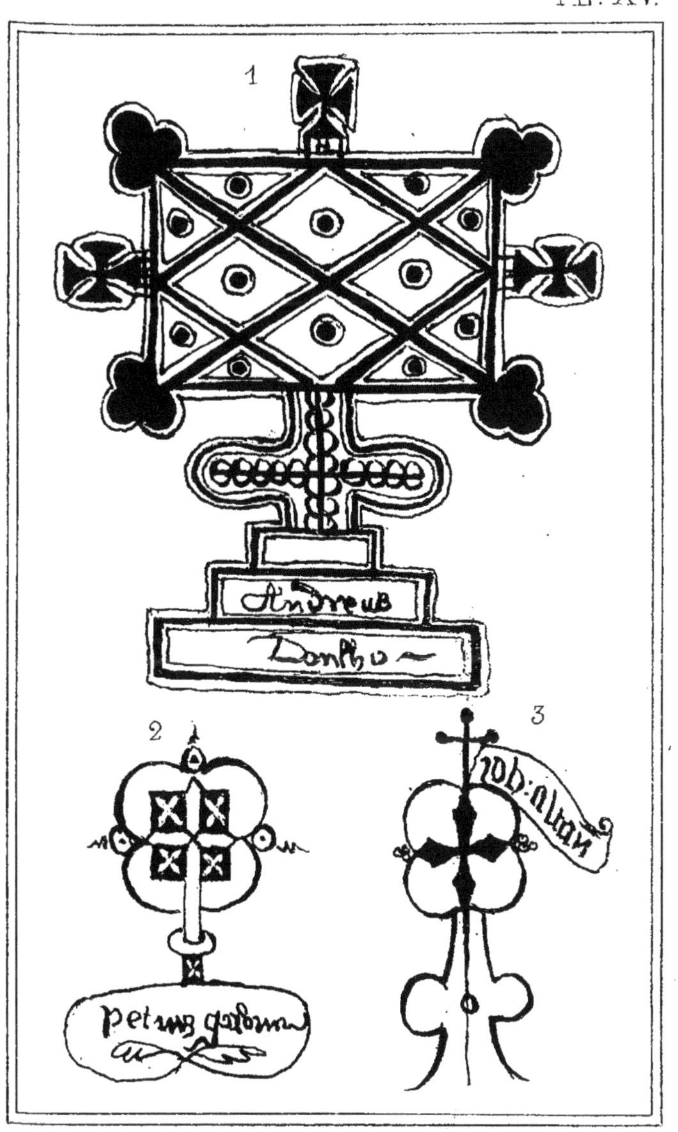
1
2
3

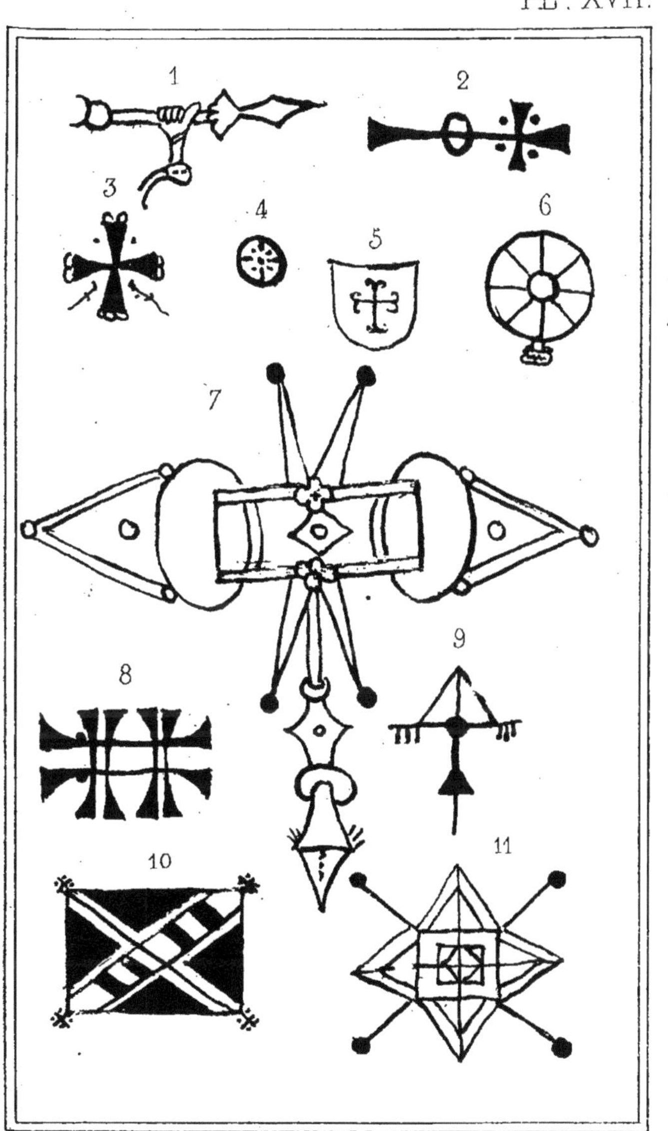

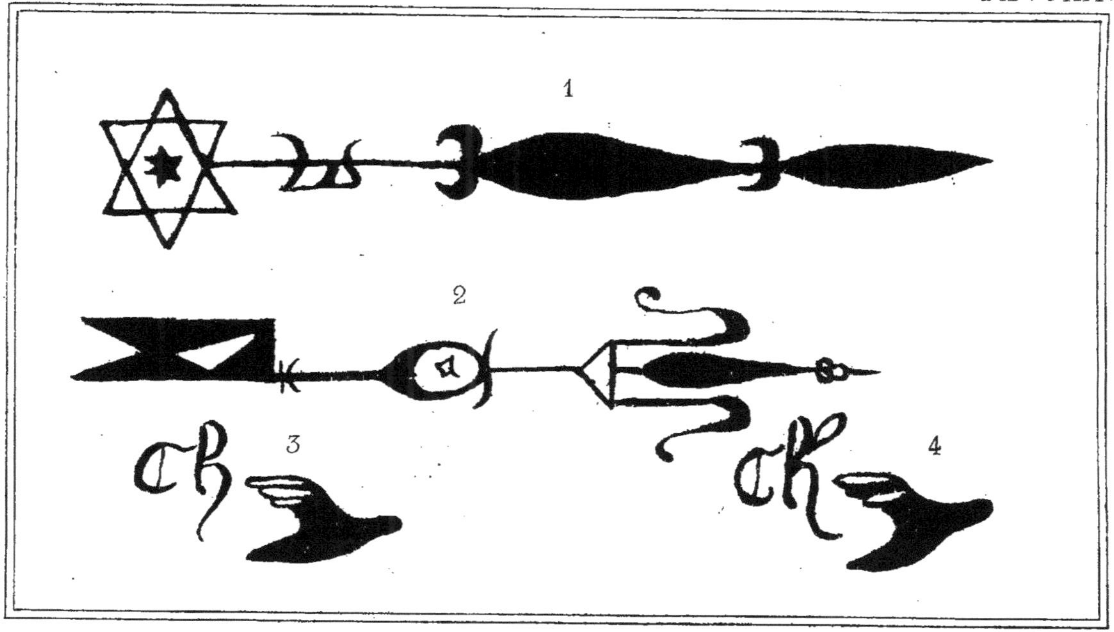

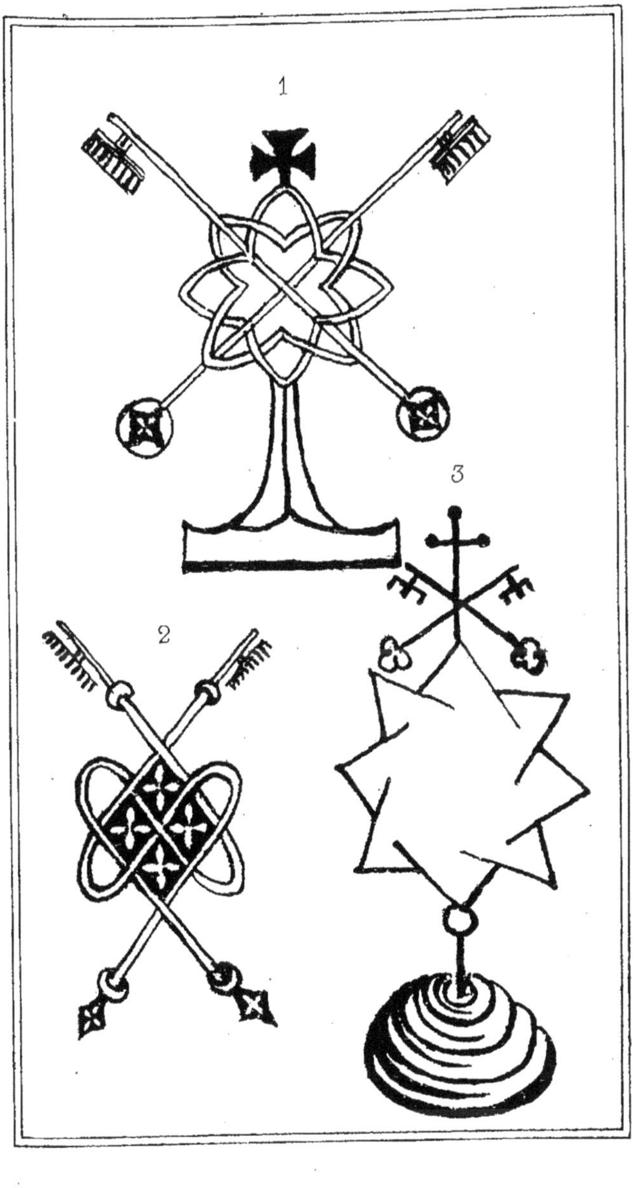

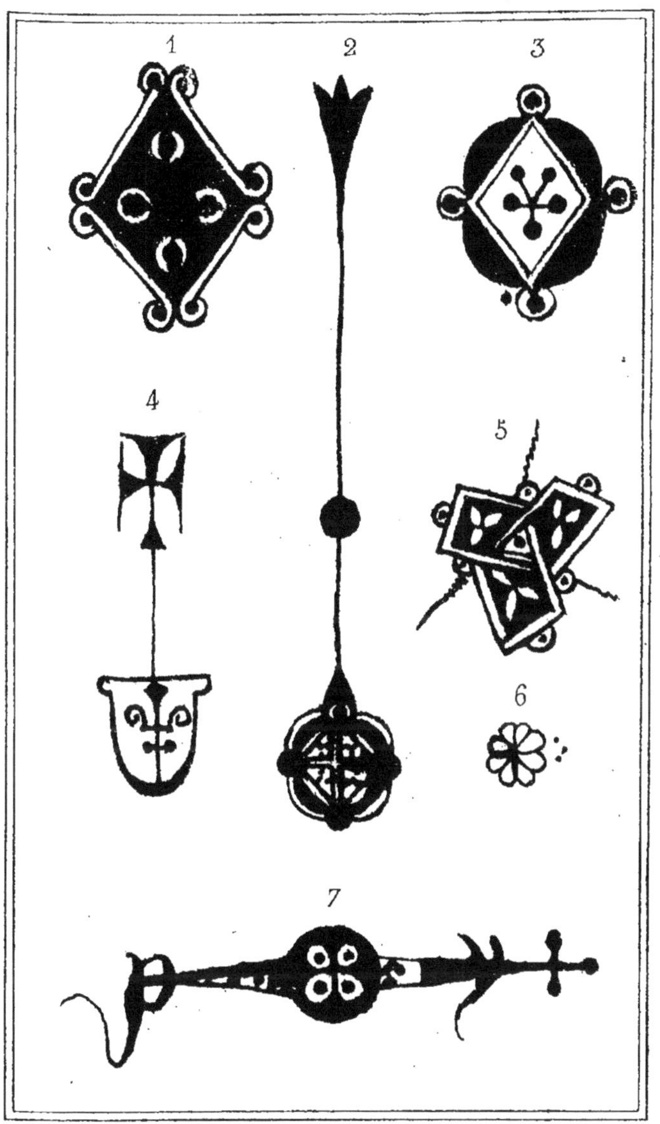

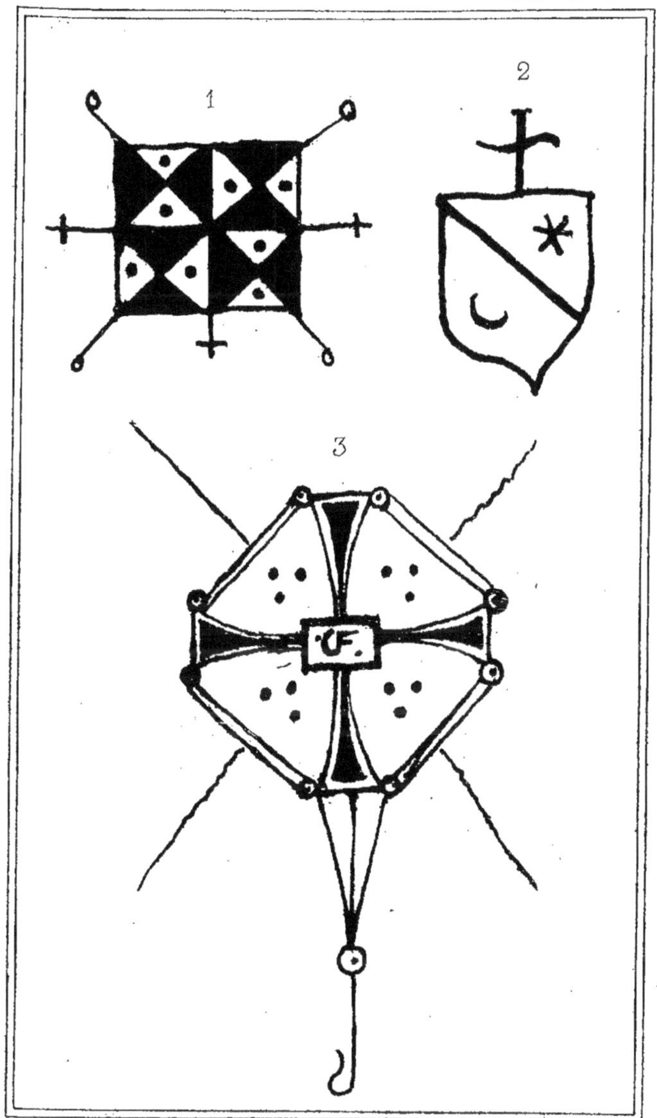

1
2
3
4
Palace

1
beauJeu
2
Vilares
3
Jehan
4
Jehan
5
Johns
6
Rotm
7
Charles

1
2
3
4
5
6
7
8
9
10
11
12
13
14
15
nicoLa dupres
16
hofot
17

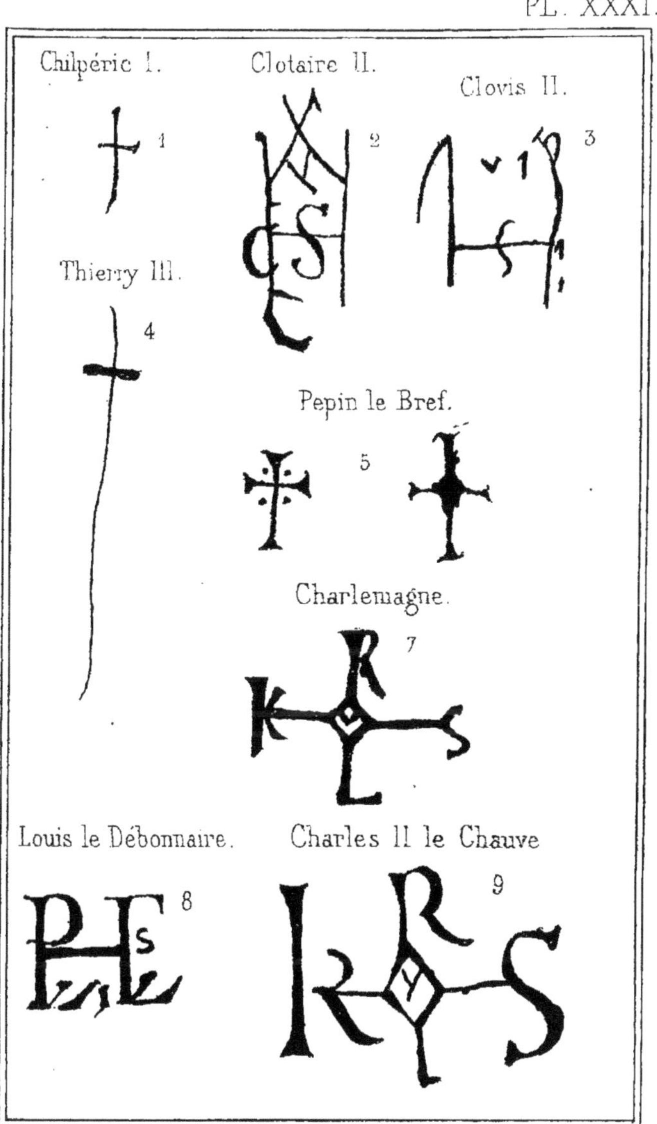

Chilpéric I.
Clotaire II.
Clovis II.
1
2
3
Thierry III.
4
Pepin le Bref.
5
Charlemagne.
7
Louis le Débonnaire.
Charles II le Chauve
8
9

Louis le Bègue.

1

Louis III.

2

Louis III.

3

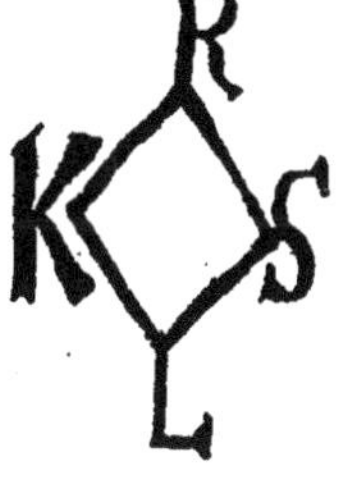

Carloman.

4

Charles le Gros.

5

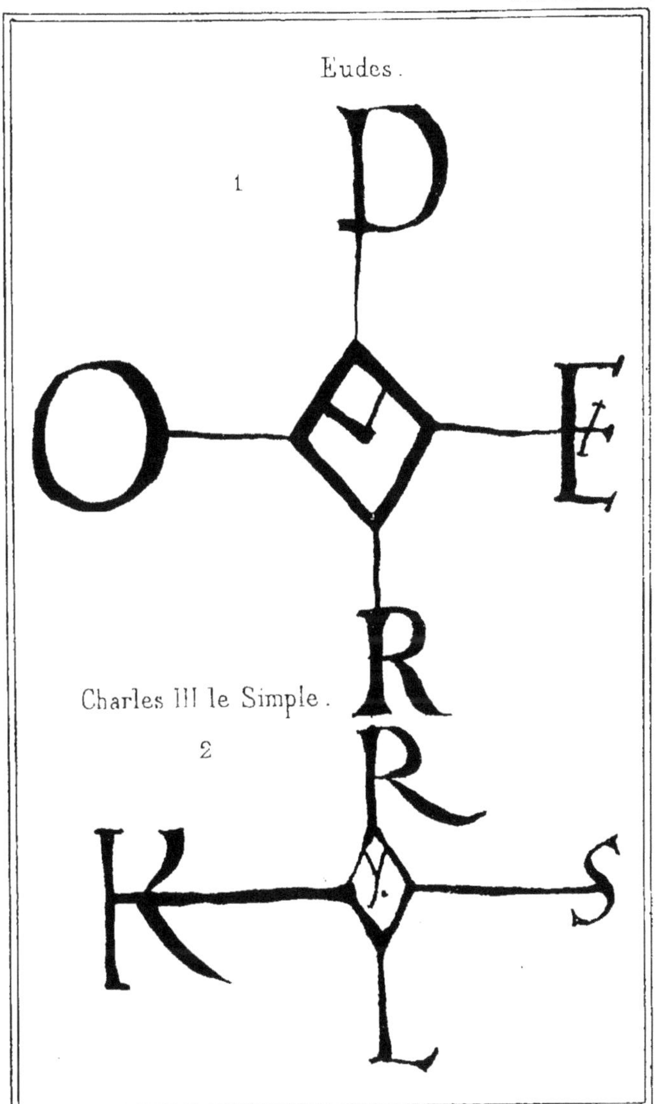
Eudes.
1
Charles III le Simple.
2

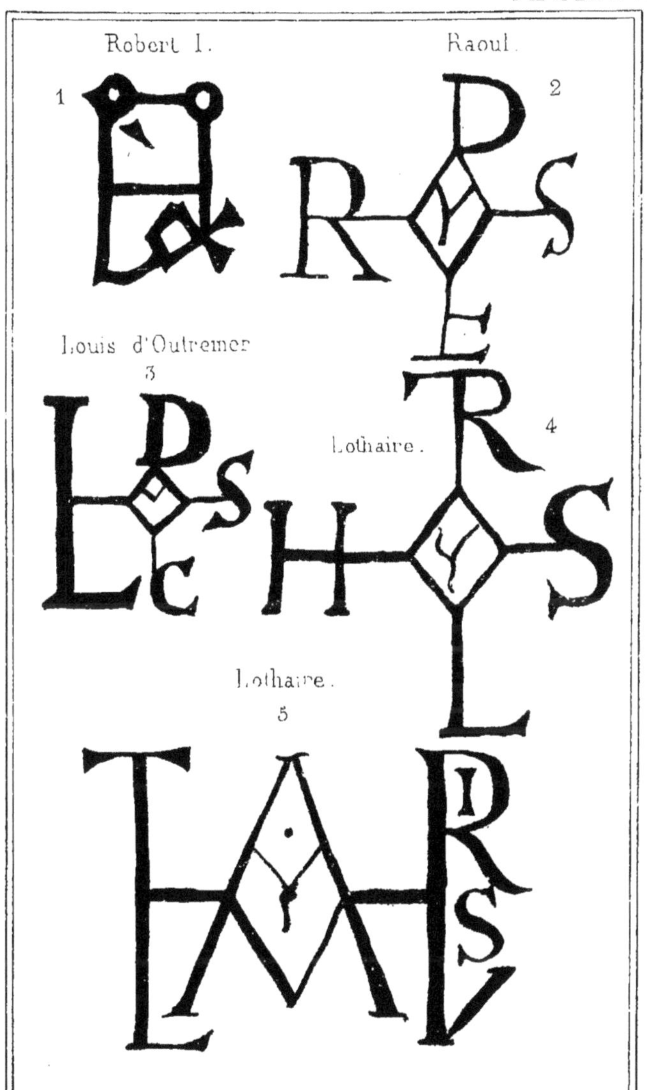

Robert I.
1
Raoul.
2
Louis d'Outremer
3
Lothaire.
4
Lothaire.
5

Louis V le Fainéant.
1

Hugues Capet.
2

Robert II.
3

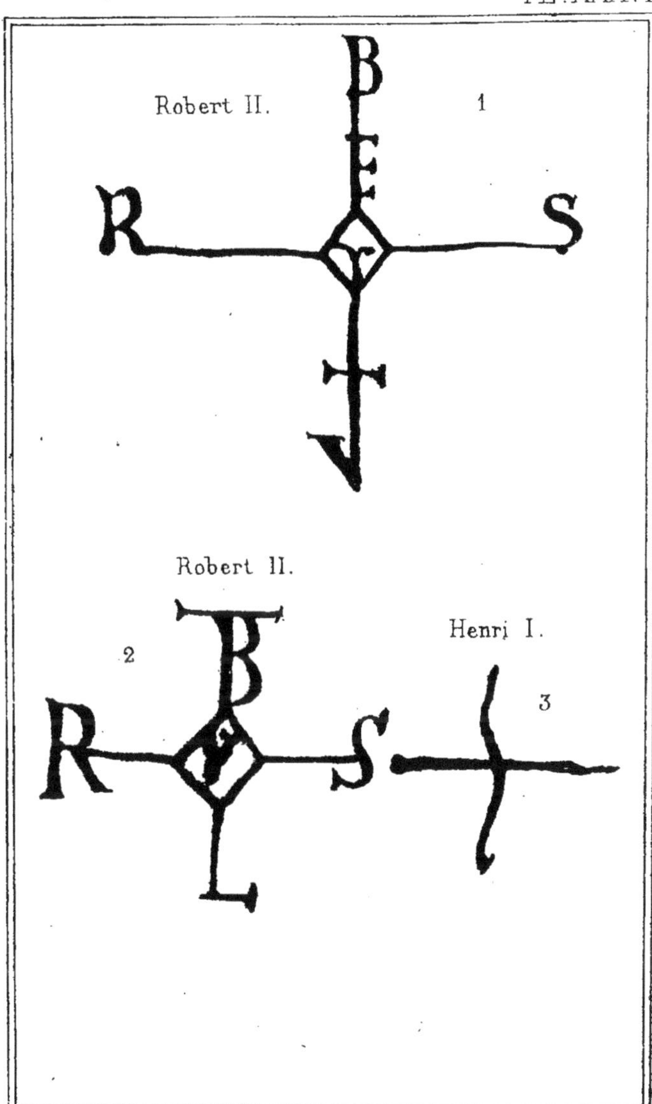

Robert II.
1
Robert II.
2
Henri I.
3

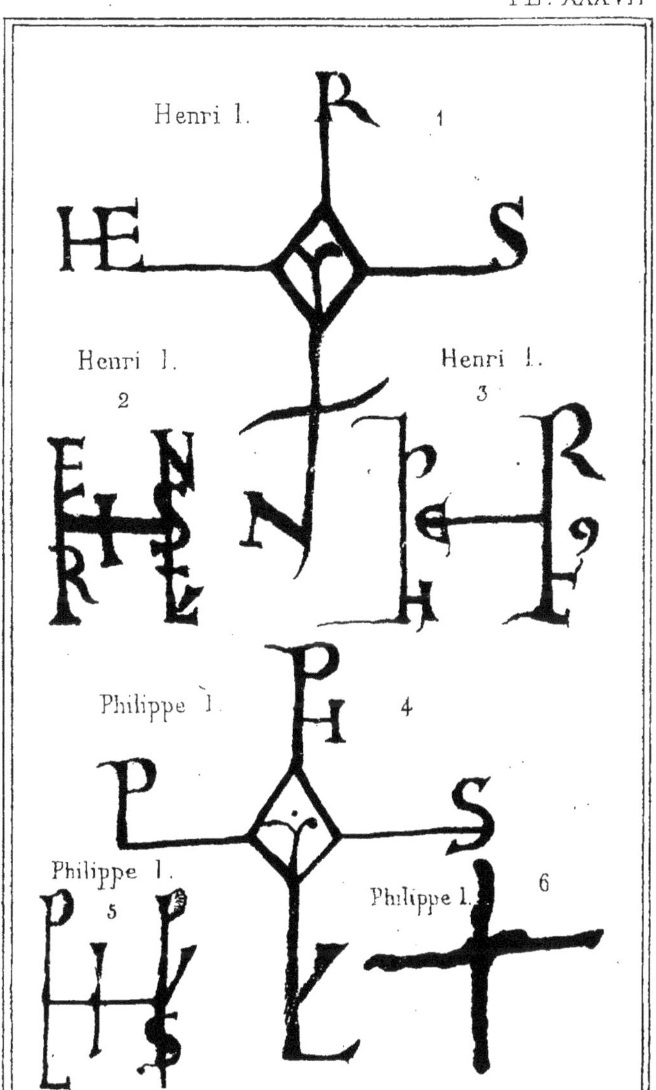

Henri I.
1
HE
S
R
Henri I.
2
Henri I.
3
Philippe I.
4
Philippe I.
5
Philippe I.
6

PL. XXXVIII.

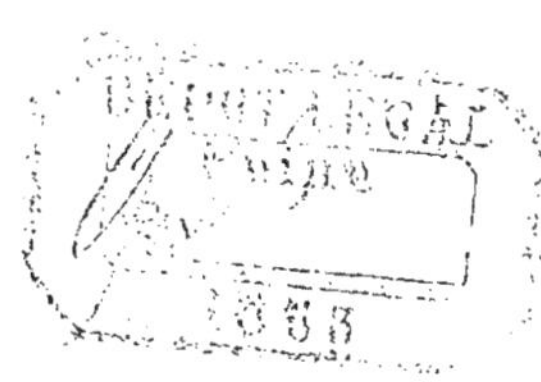

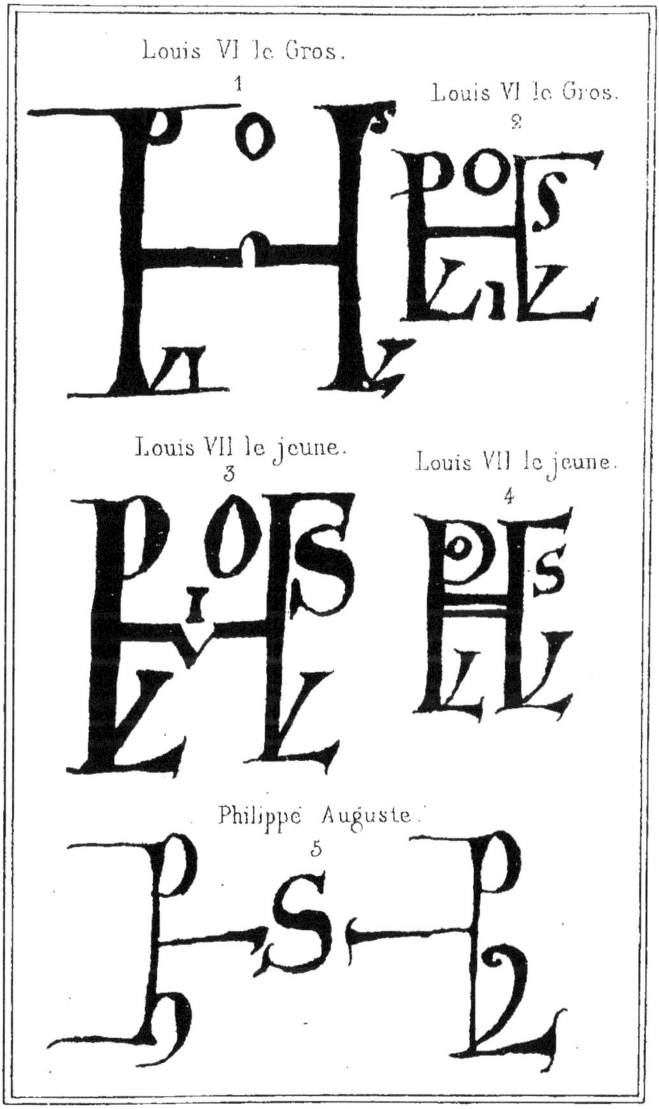
Louis VI le Gros.
1
Louis VI le Gros.
2
Louis VII le jeune.
3
Louis VII le jeune.
4
Philippe Auguste.
5

Louis VIII.

Louis IX. (St Louis.)

Philippe III le Hardi.

1

Philippe IV le Bel.

2

Jean II.

1

Charles V.

2

Charles VI.

3

Charles VII.

4

Louis XI.

5

Louis XI.
1
Charles VIII.
2
Louis XII.
3

François 1er	Henri II.
1	2

François II.
1

Charles IX.
2

Henri III.

1

Henri IV.

2

Louis XIII.

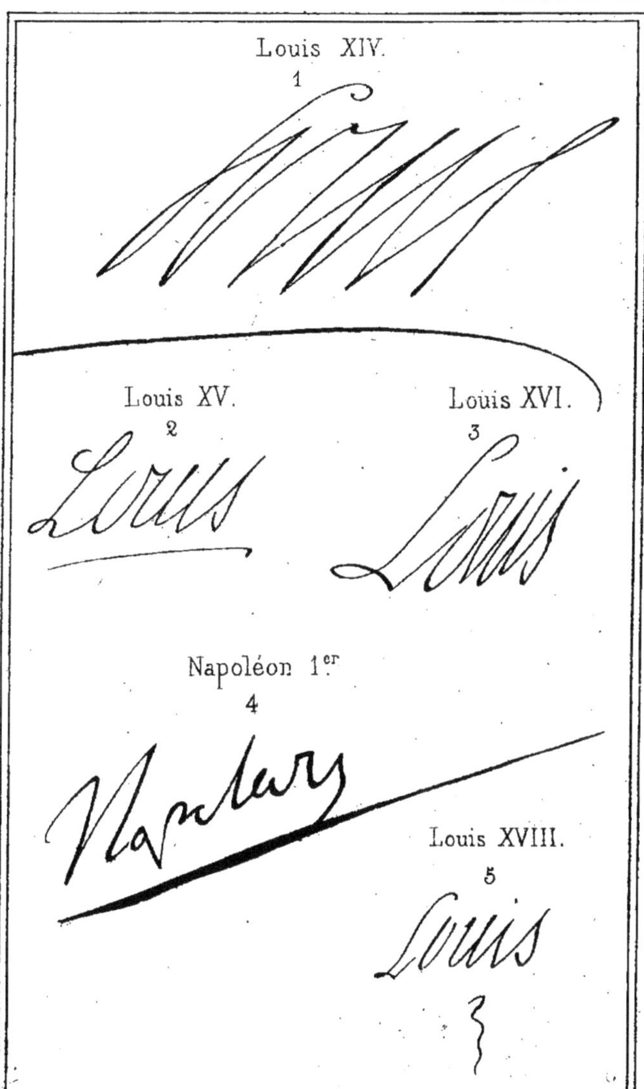

Louis XIV.
1
Louis XV.
2
Louis XVI.
3
Napoléon 1er
4
Louis XVIII.
5

Charles X.

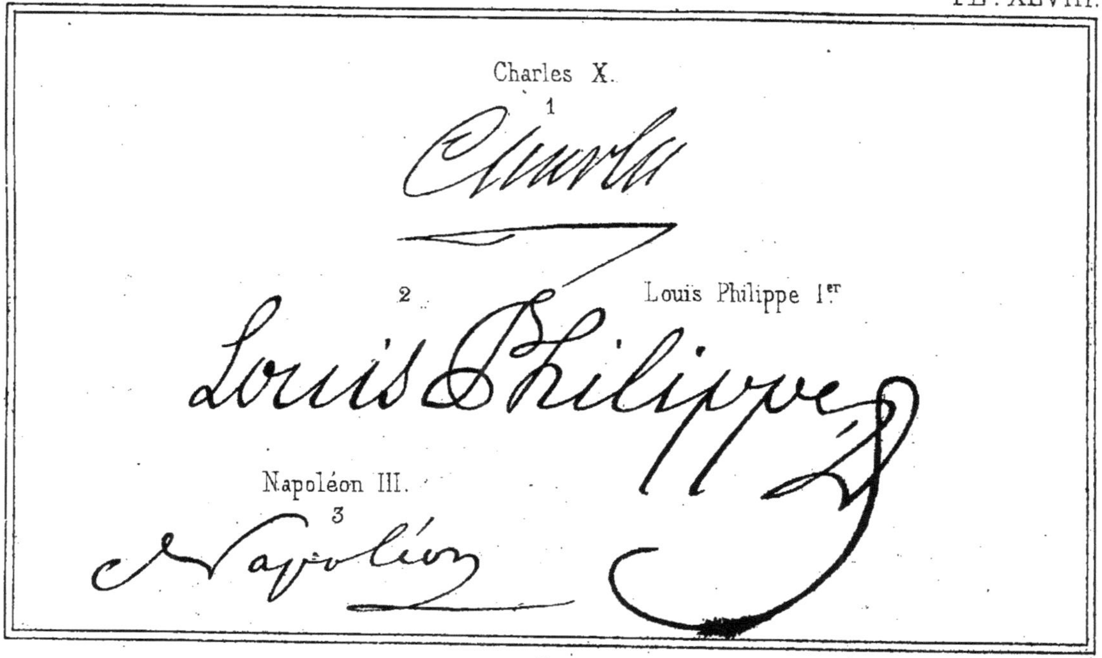

1

Louis Philippe 1er

2

Napoléon III.

3

www.ingramcontent.com/pod-product-compliance
Ingram Content Group UK Ltd.
Pitfield, Milton Keynes, MK11 3LW, UK
UKHW020827120726
13693UKWH00002B/501